看見自己說的話

9 堂雙向思考練習，解鎖你的對話力

褚士瑩 著

【各領域讀者　齊聲推薦】

看見自己說的話，成為人生前進的力量

找到屬於自己內心的聲音

Jun／瑜伽老師

這本書名為《看見自己說的話》而不是用「聽見」自己說的話，就相當引人入勝。與其說這是本有關對話力的書，不如說這是一本讓你學習如何從自己所說的話裡，去洞見自己的書。

書裡提到，每個人都有不同的操作系統，也就是思考模式跟邏輯。能夠辨識到對方或自己的操作系統是什麼，才能有效地對話。譬如，身為一個瑜伽老師，我不能用身心靈的詞彙，去告訴一個全身僵硬，只想要伸展的初學者怎麼靜心；我也不能用難懂的解剖學術名詞，給只想要在墊子上安靜沉澱的人，無謂的專業知識。我要先弄懂每個人的操作系統，才能給予適當的引導。

我參加作者褚士瑩線上哲學課已經快兩年了。作者的哲學引導，影響我很深，而其中最能影響我的，是讓我能夠在我對自己說的話以及提問裡，思辨出哪些是被灌輸的觀念，哪些才是真正屬於自己內心的聲音。有了這些工具來加強思辨能力，才能練習讓覺察更敏銳。

誠意之書，每次讀都有不同收穫

南瓜／高教工作者

我常常碰到跟別人說話說不通的時候。跟小輩說話時，我想他應該是聽到我說的話了，但是沒有任何回應；跟同事說話時，我想他是聽懂我說的話了，但是那個反擊回來的話是怎麼回事？

我不懂對方說話的邏輯，對方也不懂我說話的邏輯，所以我跟對方溝而不通，然後不歡而散。告訴你如何對話的書，很多；但告訴你該如何思考對話的書，不多。

褚士瑩的書很有誠意。因為，他不只讓你看到對話之窗，還給了你鑰匙，讓你能夠打開窗，看見窗內與窗外。那些鑰匙都很有趣、很生活化，練習著使用，沒什麼負擔，每次用，還能有不同的收穫。推薦給想要練習哲學思考、想要與人溝通的人。

發現隱藏的自己

周小魚／品牌策劃設計總監

書裡提到的「閱讀空氣」，我反思我自己，我可能善於看懂空氣。因為在乎別人的看法，所以習慣隱藏自己內心的想法，漸漸地就會不知道內心的自己，到底做一件事是為別人而做，還是為自己而做？

這本工具書我很喜歡，透過思考對話的本質，可能本來我們認為是不好的詞彙，但以另外一面的角度去思考，或許不一定是不好的。清楚詳細的步驟，淺顯易懂的例子和文字，可以應用在我們的日常生活中與別人的相處，又或者找到和自己相處的方法。

人人都該有這一本「思考書＋實踐步驟手冊」

Renee／科技業

這本書《看見自己說的話》作者非常用心地從目次就放入各章節的重點小說明，這在現今出版的書籍中是少見的。這種編排不僅讓人可以先對各章有概念，在閱讀時更能提高記憶點，日後需要複習，也可以快速回溯或找到複習的章節。

在章節最後，作者放進了練習題並留白，讓讀者可以使用練習題自我對答，這其實也是告訴我們，對話力是一個探索和自我覺察的良好工具。

坊間有大把關於說話技巧和說服溝通的書，讀過那些書籍後，通常就只有知道理論或許多小故事。而這本書非常不一樣的地方在於，它本身就是思考書＋實踐步驟手冊，透過九堂課的方式，由淺入深，加上許多例子與冷知識，讓你不僅看懂自己的內在操作系統，聽懂對方說出來與沒有說出來的話語（讀懂空氣），甚至「看見」自己說的話，進而在表達時能果斷，無落差且提出好的、會讓對方思考的問題。當對方也思考時，你們自然就會進入理性不帶情緒性的對話模式，不僅能化解緊張衝突，對方更會感到彼此的談話是有品質與智慧的。

如何往理想中的自己邁進？

吳依瑩／食品批發業

從品味泰國星級餐廳裡，透過料理者的美食跟自己味蕾心意上的無言溝通；從搭飛機看到雜誌廣告，去探索投放廣告朋友的心思。還有每篇結束後問自己內心深處的小作業，深深探索自己，細細地品味人心。

很喜歡文章中的一段話：「除非你找到了自己本然的意願，否則你的生命將會是一連串的悲劇。」

我們每個人都是自己人生中的主角，也是支援他人人生的配角，透過一次又一次的發問、思考……往自己理想中的樣子邁進……我相信《看見自己說的話》是很值得為自己投資的好書。

重新發現「對話」的世界

Lemona Chen／行銷設計

你有多久沒有和自己、和別人好好「對話」了呢？如果你和我一樣，以為和朋友的閒聊、家人的拌嘴就是所謂的對話……No，No，讀了這本《看見自己說的話》，你一定會和我一樣發現「對話」的新世界！

書中我最喜歡的內容莫過於觸類旁通的新知識融會其中，例如第三堂課談到了有關昆蟲複眼與蒼蠅視角，讓我們學習如何從別人的角度看世界！第四堂課則從不同形式的歌唱討論到如何發現自己的聲音，到底我們內心深處的聲音是自己的還是別人的？我們能找到重要的聲音，進而做出新決定、變成新行動嗎？急著想翻下一頁時……啊我忘記這是試讀本了……

給自己一個機會，成為會思考的人

莊馥瑜／會計

看見自己說的話……

九堂課是我這幾年所學的，一年一年褚老師回台的實體課，今年疫情的關係只上了上半年度的，也剛好去消化這幾年所學。

也許文字看似簡單，但我們真正認識自己嗎？有在思考嗎？給自己一個機會，讓自己成為一個會「思考」的人，而不是都要等待「答案」的人。

我們一起共學共讀共同練習

一塊肉小姐陳怡安／哲學思考踐行者

如果你曾和我一樣在漫長的人生路上，想更輕盈地探索各種思考帶來的可能性，卻遍尋不著簡單易懂、能在生活中持續練習的方式，身為思考練習受益者的我想推薦褚士瑩這本毫無保留的最新力作，相信能帶給你意想不到的體驗！

而最後也最重要的是，閱讀這本書的你若練習有任何問題，將會有一群一樣接受訓練且熱愛思考的共學者陪著你練習！（找我們請搜尋 FB「哲學思考練習團」）

你我的深度理解

沈渝禎／大學講師

作者褚士瑩的每一堂課，不論師培課或思考課，都在進行「深度閱讀理解」。

有次在思考課上，我和另外兩名同學，針對同份文本，寫下不同的見解。我以為就是三種不同立場的人，寫下不同的看法。但作者竟指出我們三人分別是：

「看見的是專業，沒有國籍之別。」

「在美國生活仍認為自己是台灣人。」

「在任何國家都覺得自己是外國人。」

當他指出我們三人的本質時，瞬間理解了自己，還看懂了別人。褚士瑩還告訴我：「閱讀理解」就是理解自己、理解別人，幫助別人認識自己，從每個人看到的不同面向，去得知是怎樣本質的一個人，而閱讀就是在做自己。

這才是真正的閱讀理解啊！以前用了一堆「技巧或策略」，只是在做理解文本的動作而已。

《看見自己說的話》裡的每個思考工具，都在訓練我們有意識地觀察與覺察，有了這樣的能力，你也能透過對話，理解自己、理解別人，幫助別人認識自己。

【自序】

對話的過程，就是一個人的成長過程

褚士瑩

大家好，我是褚士瑩，接下來這九堂對話課的設計者和引導者。

現實生活中的我，雖然讓人有很樂觀正向的感覺，但骨子裡其實是一個很悲觀的人。證據？我認為每個人都是薛西弗斯（Sisyphus）。

真的啦！先不要笑。聽過他的故事嗎？

這傢伙是希臘神話中一位被懲罰的人。他很狡猾，機智幫助他賺了大量財富。當然，很會賺錢不是問題，問題在當他感覺到死神差不多要來帶他走時，竟然用他的聰明騙死神戴上手銬，結果不只自己繼續活下來，並且再也沒有人從人間被帶入冥界。

既然人不會死，勢利的人類就停止對冥王獻祭，這個利潤豐厚的產業供應鏈等於被截斷，大老闆宙斯超級不爽（後來還發生很多讓沒完沒了的鄉土劇也自嘆不如的劇情，因為篇幅關係就先在這裡省略）。薛西弗斯最後被判要天天將大石推上陡峭的高山，每次他用盡全力，大石快要到頂時，石頭就會從其手中滑脫，又得重新推回去，永無止境地重複下去。

雖然後來英文中用sisyphean（薛西弗斯式的）這個單字來形容「永無盡頭而又徒勞無功的任務」，但是我不怎麼同意這個解釋。

薛西弗斯這麼聰明的人，連死神都騙得過，難道想不出辦法逃避這個幼稚的懲罰嗎？不可能！既然天資過人，應該槓桿、輸送帶，甚至機器人也很快就被他做出來了吧！但是他既然願意繼續接受這個懲罰，表示聰明的他，應該是喜歡推石頭到山頂，再讓它掉下來這件事的！

我並不認為薛西弗斯是抖M，也不認為他健身中毒（不信的話去看畫中的薛西弗斯，那每天推石頭練出來的核心肌群！），而是在反覆的過程中，得到了最有價值的生命禮物：看見自己。

薛西弗斯知道他無法「改變自己」，但是通過這反覆徒勞，他學會用這種外人看來是懲罰的獎賞，終於能夠清楚地「看見自己」，並且「面對自己」。

而每天與人、與自己的「對話」，其實就是我們的徒勞。

這些對話，其實改變不了別人，也改變不了自己，但是好的對話，卻會讓我們自己，和我們對話的人，都能夠看見自己，面對自己。

「對話」這個詞源於希臘文中的dialogs，意思是「兩者之間的穿越」，也就是兩個主體之間的平等交往。這種交往是穿越式的，是雙方真誠的互動與溝通，是一種特別的語境和範疇，具有深層的哲學意涵；只是我們日常對於「對話」這件事的理解，太過馬虎，才造成了對話無效、對話很簡單，或對話沒有價值的偏差印象。

首先，對話是充滿人文色彩的，必然從人的需要出發，沒有人文情懷，就沒有對話。如果我們檢視蘇格拉底的對話，就會發現表面上傲慢的蘇格拉底，其實從來沒有對人進行直接的批評和訓誡，總是從對方的立場和觀點出發，使用「問答式」的對話，引出一連串的問題和衝突，讓對方在自我矛盾和衝突中，出現很深的自我覺察，不但看見自己、也看見自己的盲區，認識到自己的錯誤和偏見，使對方在看見自己的對話中，接納自己、覺醒和成長。

十九世紀以來的工業革命，讓人開始以追求「效率」為目標，蘇格拉底這種必須有平等互助的人文情懷的對話，就被上級對下級、老師對學生、家長對子女，這種控制型的對話場面取代了。對話變成權力大者單方面的告知、命令、灌輸，或是說服，站在權力低位的人，只是在必要時做出簡單的回應，對話因此失去了應有的人文深度和涵養。

如今我們的學校教育、家庭教育、社會教育，其實仍然延續著工業革命的「效率觀」，因此需要耐心、辯證能力的人文對話，是需要學習的。對話的過程，就是一個人的成長過程，在這個過程中，對話雙方都能夠在彼此的提問中，引發自覺的審視和反思，看見自己。

我們都遇過很「難聊」或是「難搞」的人，話不投機半句多，但是這個對象，偏偏是我們不得不保持好關係、權力不對等的「大人」，像是我們的父母、老師、上司、前輩。我們都聽過人說「你有你的邏輯，我有我的邏輯」，實際上，根本沒這回事。這個世界上，邏輯從來只有一套，但是通往人文對話的方法卻有很多。

進行對話的過程，就像挖水井，在找到湧泉之前，有時候是柔軟卻沉重的濕土，有時候是乾燥堅硬的乾土，還有時候會遇到難以穿越的大石頭。所以我們必須要找到適當、省力的方法，讓我們可以克服障礙，繼續透過對話往靈魂的深處挖掘。

世界上雖然每天都有新理論、新方法，坊間有很多書教我們該如何學會高明的話術，但是這本書說的都不是這樣，這本書九個章節介紹的九個工具，都是我這幾年在引導「蘇格拉底對話」哲學思考工作坊中，覺得最重要的對話工具，同時也是九把進入思考對話的鑰匙。我想要使用讓我情有獨鍾、古老而純粹的蘇格拉底對話方法，希望讓還沒有機會親自參加我的哲學思考工作坊的人，也能夠安心地打開一扇通往邏輯的門戶，透過穿越式的對話，窺探思考對話的世界，體驗能在日常生活中踐行的哲學。

想要透過對話「看見自己」的我，都是蘇格拉底；而每個願意接受「對話即是徒勞」的你，都是薛西弗斯。

目錄
CONTENTS

目錄
CONTENTS

第 1 堂

準備你的腦子：有利對話的態度

從認識對話的「套餐」概念開始，
讓自己對待言語的組織，
像一個米其林廚師對待料理的態度那樣，
準備一場適合思考對話的盛宴。

天堂餐廳的主廚對我說了什麼？

認識我的人都知道，我是一個超愛吃的人，不只每天認真地把「吃」排在重要的行程當中，還因為這樣，寫了一本叫做《美食魂》的書。

對我來說，走進一間餐廳，看到菜單，就好像看到了廚師、老闆是一個什麼樣的人，心裡在想什麼，想要透過食物告訴世界什麼故事——而且是看到靈魂深處那種，不只是口頭上說的話。

認識我的讀者可能都知道，通常每年有將近一半的時間，我在泰國工作、生活，我對於「吃」的許多想法，其實來自於在泰國的經驗。

我在泰國曼谷的住家巷口，有家連續幾年都摘星的米其林餐廳，不起眼地開在老舊的機車行旁邊，餐廳的店名叫做「Saawaan」。這個字在泰語中的意思是「天堂」，我

SAAWAAN

RAW ก้อยกุ้ง
Ama Ebi | Cucumber | Coconut | Kaffir Lime Oil

DIP มันปูนา
Rice Paddy Crab | Somsaa | Red Curry Paste | Sticky Rice

STIR-FRIED ผัดฉ่ากบ
Frog | Lesser Ginger | Holy Basil | River Weeds

FERMENTED ขนมจีนแป้งหมักน้ำพริก
Fermented Noodle | Peanut | Mung Bean | Organic Vegetables

BOILED แกงส้มพริกสดปลาน้ำดอกไม้
Ranong Barracuda | Snake Fruit | Turmeric | Acacia Leaves

MIANG เมี่ยงชะมวงส้มจี๊ด
Chamuang | Thai Kumquat | Riceberry | Young Coconut

CHARCOAL นกกระทาอบโอ่ง
Nakhon Pathom Quail | Papaya | Prickly-Ash | Sida Tomato

CURRY มัสมั่นลิ้นวัว
Beef Tongue | Homemade Massaman Paste | Almond | Grapes

DESSERT โกโก้พันธุ์ไทย
Chocolate from Chanthaburi | Chumphon | Chiang Mai
1,980 THB++

Wine Pairing 1,890 THB++
Tea Pairing 680 THB++

Chef de Cuisine
Sujira "Aom" Pongmorn
Chef Pâtissière
Arisara "Paper" Chongphanitkul

The price is exclusive of 10% service charge and 7% applicable government tax.

想這也是主廚Aom女士想要在忙碌的城市中，打造一個屬於自己的天堂，在這個天堂裡，不需要透過語言，而是用食物跟這個世界對話。

天堂餐廳，不需要費事點菜，因為菜單只有這麼一套，每隔幾個月，才會配合時令更新。主廚改版菜單的時候，我一定會特地造訪，說起來或許有些矯情，但每當拿到新菜單的那一刻，確實我就像第一次收到情書的少年，手指是有些顫抖的。

來自天堂的食物，一開始總是「生的」。是的，菜單上就是這麼寫的：Raw。生的。侍者沒有多說什麼，只是靜靜地在我的面前放著一個裝滿了岩石和兩個海膽的玻璃碗，海膽的上半部已經打開，露出色澤迷人、處理乾淨的新鮮海膽，配著一種叫做「馬丹」（madan）的當地水果，和自製的辣椒醬。

即使在泰國很長時間，偶爾在市場的蔬菜攤上看過馬丹這種綠色的小水果，查了一下圖鑑是一種藤黃果，但老實說從來沒有嚐過，更沒有想過這種酸果子，和旨味非常醇厚的海膽，竟然如此地搭配。

生的吃完了，下一道叫做「蘸的」。沒錯，菜單上真的就是這樣寫：Dip。蘸的。盤子裡端上來的是在夜功河畔（Samut Songkhram）稻田裡隨處都可以找到的有機泥蟹，底下是按照泰國古法製作的紅咖哩，配上一匙熱騰騰的陶甕裡，用木炭剛剛蒸好的糯米飯，擺放的樣子讓人感覺彷彿置身在泥濘的稻田中。

接下來才是「炒的」，Stir-fried。讓人驚異的是，吃泥蟹的盤子被收走了以後，換上了一張比臉盆還要大的新鮮荷葉，彷彿還在池塘裡那般青翠欲滴。廚師用鑷子在荷葉中間，優雅而迅速地將炒過的兩隻青蛙腿，放在荷葉上，然後拿著收乾濃縮的薑汁，熟練地從高處灑了幾滴，豔黃的薑汁就像雨水般，在荷葉上發出滴滴答答的聲音，彈跳了幾下，然後渾圓的水珠，才緩緩地流向荷葉上栩栩如生的青蛙腿，搭配河裡的水草做成的炸物。雖然我不認識主廚，但我似乎在這料理的劇場裡，完全體驗了她記憶裡泰國農村那一陣陽光下美好的驟雨。

接下來的精采對話，還有：

發酵的。Fermented。

蒸煮的。Boiled。

用葉子包裹的。Miang。

木炭烘烤。Charcoal。

熬煮的咖哩。Curry。

甜的。Dessert。

在這中間，還有三次，刻意出現了經過設計的中斷。這時，一次又一次被清空的沉穩黑色桌面上，出現了菜單中沒有註明的，在菜餚之間重新設定味蕾用的小食物，或是一小口柚子做成的冰沙，或是一小塊來自清邁的黑可可。雖然在中文裡面沒有這個說法，在英文裡有個特別的名稱，叫做 palate cleanser，「味覺清潔劑」；為了幫助食客暫時遺忘前一道料理的味道，無論多麼美好，準備好用全新的感受來迎接下一道菜，而每一道菜都帶來了感官上的偏移。

看懂彼此的操作系統，就是對話高手！

每一個不同的季節，我踏進像博物館般安靜而幽暗的 Saawaan，花一個晚上，在這只有六張桌子的天堂，慢慢品嘗一套充滿季節性的九道菜的套餐菜單。每道菜主廚都展現了一種傳統泰式烹飪常見的技術或概念，是燒烤、是蒸煮、是生食、是大火快炒、是發酵、是雨季、是東北方的水稻田、是古城的河流、是南方甲米府的一個小漁民村、是泰北雲霧繚繞的山間。黑色牆壁上覆蓋著裝飾性的金色雲朵，時尚的花卉牆紙和厚重的黑色硬木家具，優雅的慢食，這種與食物、與料理人 Aom 女士沒有透過言語的對話，確實宛如人間天堂。

這樣的體驗，幫助我**重新去思考**，我和主廚 Aom 女士之間，確實發生了對話，雖然沒有透過語言的形式，卻比語言更深刻。

在每一季天堂的菜單中，主廚Aom女士都開啟了一場靈魂對話，而天堂餐廳，就是我們進行靈魂對話的獨特空間，有時候我們可以相互理解、彼此欣賞；有時候卻有著想法上的分歧。在每一道料理的更迭中，我們彼此傾聽、表達、溝通，有時候需要說服、妥協、提問，甚至反對。但在這對話的過程中，偶爾也會有遇到困難、難以往下進行的時候，這時可以暫停，端上美味的「味覺清潔劑」，刻意去除前一道料理的影響，讓我們重新設定，試著從一個全新的角度，能夠繼續這場刻意中斷的盛宴，讓對話變得更加美味。

我在Aom女士上菜的過程中，**漸漸看懂了她如何思考，如何對話**。

而我也相信，Aom女士在廚房的門後面，一定也可以透過從我的餐桌上端回後場的盤子，看懂我的思路，聽見我要說的話。

當Aom女士在我的剩菜中看到「反對」的時候，她可能會中斷出菜計畫，稍等十分鐘，端出一杯熱茶，或決定改變下一道料理的表達跟敘述方式，讓我能夠重新回到適合對話的、那一條看不見的細線。

從面對菜單，我得到一個對於認識世界、面對世界很有幫助的結論：每個人就像一台電腦，都有一套固定的操作系統，依循著同樣的邏輯，所以一個廚子怎麼設計安排一頓飯，看菜單就可以知道他是怎麼思考的。同樣的，看我自己喜歡怎麼吃飯，也就可以看得出來，我喜歡怎麼跟人對話。

所以如果想要養成對話力，不需要去學習什麼高明的話術，也不是知道要怎麼講笑話逗人開心；而是**在對話之前，認識自己的操作系統，同時在對話之中，迅速辨識別人的操作系統，看懂彼此操作系統的人，就是對話高手！**

如果有一群客人週末要來家裡吃飯，
你會設計出一張怎樣的家庭聚會的菜單？

我的操作系統是什麼？

——用「Why」看見我的「What」

在一次「對話力」的培訓工作坊上，為了讓每個人能夠認識自己的「操作系統」，我請每一個在場的學員，想像有一群客人要來家裡吃飯，設計出一張家庭聚會的菜單。因為在場剛好都是中國的北方人，所以菜單上有不少對我來說陌生的料理。我隨意抽出兩個人的菜單，讓大家試著看出這兩個人的操作系統有什麼不一樣。

A菜單：

大白饅頭

番茄炒蛋

魚香肉絲

擨片湯麵
八寶粥

B菜單：
涼菜：涼拌黃瓜、涼拌蓮藕、涼拌牛肉片、花生米
熱菜：粉蒸蝦、豬肉炒土豆片、長沙小酥肉、蒜蓉青菜、剁椒魚頭
主食：米飯、包子
湯：紫菜蛋花湯

乍看之下，這只是兩個普通人，列出她們的菜單。兩個人在現實中，共同點除了都是北方人之外，同時也是人妻、為人母親，但從她們想出來的兩張菜單，要如何找到線索，知道她們兩個人的操作系統有什麼本質上的區別呢？

這時候，我就可以拿出**對話的第一個魔法：問「為什麼」**。

「為什麼是這幾道菜呢？」我分別問她們兩人。

寫A菜單的學員告訴我，北方人離不開大白饅頭，而且她的老公跟孩子都愛八寶粥。至於番茄炒蛋，是她自己愛吃的，魚香肉絲是老公愛吃的，撅片湯麵則是孩子的最愛。

寫B菜單的學員則說，家庭聚會菜單的目的，就是要開心、客人能吃到他們喜歡吃的。這菜單裡口味比較清淡的幾道菜是兒子喜歡的，重口味的菜是給男人們配酒的下酒菜。

我聽了以後，說：「我來猜猜看，A，妳是一個本質自我中心的人，同時家庭是妳生活的全部。」

A驚訝地點頭。

然後我轉頭告訴B：「妳是一個討好型人格的人，而且重男輕女的傳統觀念根深蒂固。」

B雖然想要抗議，卻不得不承認，事實如此。

我是怎麼看到的呢？

其實很簡單，Ａ知道自己喜歡什麼、也知道她在乎的人喜歡什麼。因為自己最重要，所以五道菜裡先選了一道自己喜歡的菜，然後接著很公平地為另外兩個家庭成員，各挑了一道他們愛的菜餚。正因為Ａ最看重的是家裡的三個成員，所以即使有其他人要來家裡吃飯，挑的仍然都是自家三口最愛吃的東西。

「是的，我一直相信只要我最愛的，就是最理想的。」Ａ說。這就是典型的自我中心。

但是為什麼Ｂ卻是討好型人格呢？因為她家庭聚會菜單的目的，是取悅別人。先取悅小孩，再取悅男人，至於女人跟自己的快樂，理所當然地被犧牲了，這就是為什麼她從頭到尾，沒有提到哪一道菜是為女性客人準備的，或是自己愛的。這樣的人，家庭生活的優先順序永遠是：小孩、男人、其他人，最後才是自己。

「沒錯，最近我就是因為意識到自己的討好型人格，所以來報名上思考課，想要改變，但是沒想到這麼明顯！」Ｂ聽完我的分析後，有些驚訝地說。

找出自己的高低功能

當然，無論是「自我中心」還是「討好型人格」，聽起來似乎都挺負面的，但是我認為比較合理的態度，是將這些詞語都試著用「中性」的態度來看待。因為自我中心一定有好處，像是比較果決，不容易受到別人的影響，也不會輕易為自己的決定後悔，但也會有壞處，像是看不懂別人的想法，被人誤以為自私自利、固執。討好型的人雖然有所謂的「低功能表現」，像是無法對自己、對別人誠實，被人認為害怕衝突、沒有原則，但也有不少「高功能表現」，比如說人緣好、有禮貌、體貼別人等等。所以我們並不需要特別對這些標籤，有什麼好、惡的分別，只要心平氣和地面對就行了。

正因為每個人的操作系統只有一套，就像手機、電腦一樣，除非很少數的例外，否則都只有一套操作系統，我們在選擇手機的品牌之前，其實更優先的，是會選擇自己究竟比較想要使用安卓（Android）系統，還是蘋果的 iOS 系統，只有很少數的人，會選擇其他非主流系統，像是塞班（Symbian）、黑莓（BlackBerry），英特爾與諾基亞合作的 MeeGo，三星牽頭的 Tizen，微軟的 Windows Phone，還有 Palm 的靈魂 webOS，或是同時在一部手機安裝了兩套系統，但是會這麼特立獨行的人，也提供了重要而明顯的線索，讓我們知道他們是一個怎樣的人。從為什麼一個人做出某個特定的選擇，也就是透過「Why」知道「What」的方法，無論是透過一張菜單的設計、手機的選擇、服飾的搭配、對話的方法，其實都在同一個作業系統的環境下，也就是說必然順服著同樣的一套邏輯，才有可能順利運行。

檢視你的家庭聚會菜單，你知道你的操作系統是什麼了嗎？

你可以用一個自己不滿意的性格作為練習，找出三個「高功能表現」，跟三個「低功能表現」嗎？

說出來的話和沒有說出來的話
——從「Me」到「We」

要認識別人的操作系統，就要先學會如何「**傾聽**」。傾聽，包括那些「**說出來的話**」，以及「**沒有說出來的話**」。

就像我們知道的，有時候那些沒有說出來的話，反而比說出來的更重要，只要有過「莫名其妙被分手」痛苦經驗的人，應該知道我在說什麼。

在這次「對話力」的培訓工作坊上，我除了請在場的每一個學員，想像有一群客人要來家裡吃飯，為自己設計出一張家庭聚會的菜單之外，接著還有一個專門的進階練習，是請每個人觀察所有人的菜單，包括自己的、還有別人的，然後試著去歸納跟分類。

這個練習之所以比較困難，是因為我們不只要**看懂自己**，還要**看懂別人**。不只要看懂一個人，而且要**看懂一個群體**。

一個群體，無論是一個家庭、一個班級、一個公司、一個公益組織，還是一個社會，甚至大到一個國家，甚至像歐盟（EU）這樣跨政府的聯盟，之所以能夠順利、穩定地長期運行，表示他們彼此之間，有著一套相同的操作系統，才能夠彼此對話。就像電腦程式語言一樣，只有使用同樣語言的程式，才有可能彼此辨識，並且連結。

傾聽之後不同的人可能會得到不同的結果，但是這些不同的結果，只要合理、符合邏輯，都可以是「對的」，而不見得必須要有一個唯一的「標準答案」。

了解「對的答案」跟「標準答案」的不同，會讓我們在思考的時候，變得比較放鬆。既然知道了「對的答案」一定不會只有一個，就不會拘泥於想要回答出教科書上「標準答案」的壓力，能夠放心地思考。

我讓每個人有足夠的時間，靜靜地看完了三十個人設計的家庭聚會菜單之後，各自嘗試做出了對整體的理解：

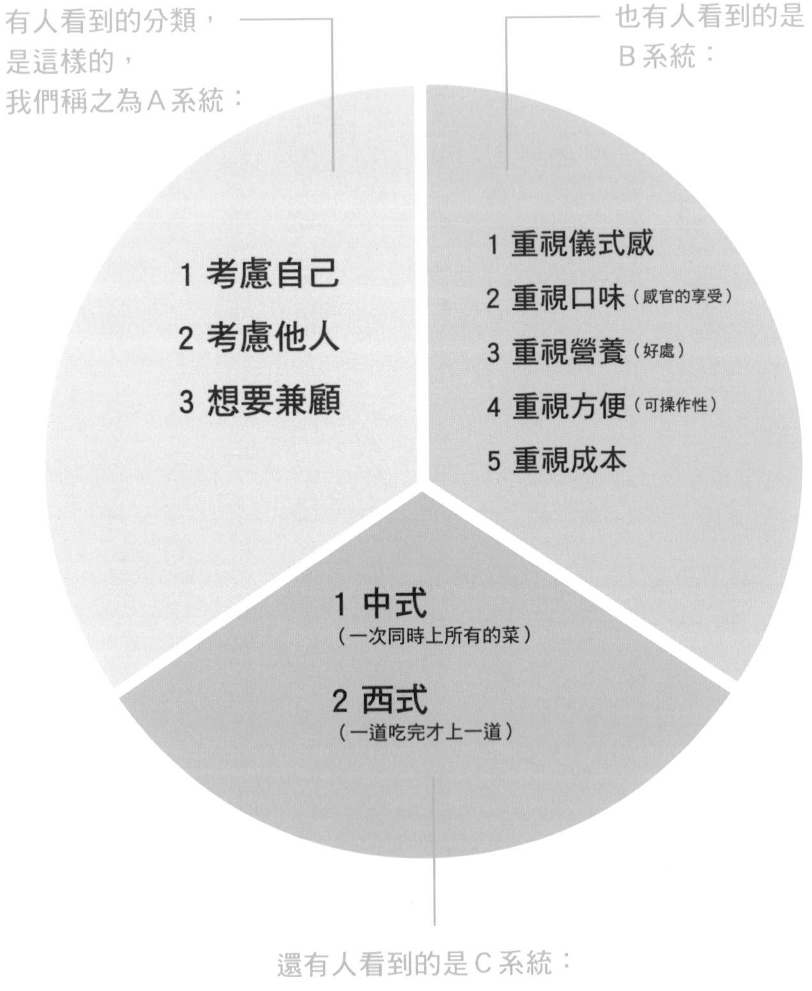
有人看到的分類，
是這樣的，
我們稱之為A系統：
1 考慮自己
2 考慮他人
3 想要兼顧
也有人看到的是
B系統：
1 重視儀式感
2 重視口味（感官的享受）
3 重視營養（好處）
4 重視方便（可操作性）
5 重視成本
1 中式
（一次同時上所有的菜）
2 西式
（一道吃完才上一道）
還有人看到的是C系統：

歸納出這個系統以後，我請學員們先不需要急著分析別人，更重要的是慢下來回到**觀察自己**：

「我是一個什麼樣的人，所以會這樣歸納、分類呢？」

比如A系統的人，其實最注重的是邏輯的「互斥」（mutually exclusive）關係，所以每個人不是1就是2，否則就是3，不可能不在這三種之中，也不可能同時跨越兩組。所以會做出這種分類觀察的人，其實總會以自己為中心，來理解周圍世界發生的事，不在乎得罪別人，是屬於「好惡分明」，而且「自我中心」的人。

看到B系統的人，跟A系統就很不一樣，幾乎每個人都可以歸類到這五個分類的兩種以上，其實這就是「討好型人格」看世界的角度，一切以避免衝突、重視「安全」為優先。因為所謂的避免衝突，就是另一種屈服別人觀點的形式，這些分類誰也不得罪，但是仔細看就會發現不符合邏輯——每兩類之間並沒有相關性。

至於看到C系統的人，則是用文化來分類，相信文化作為一個整體會影響個人的行動跟思考，是一個具有社會人類學家思維方式的人。

不帶任何評斷，流暢說出想說的話

釐清了自己的操作系統之後，下一步才是去分析這些分類背後的意義。

比如A系統中那些想要「兼顧」自己跟別人需要的人，是所謂的典型「完美主義者」，因為他們把別人的幸福當成自己的責任。

在一個群體裡面，完美主義者注定成為最不快樂的人，因為只考慮自己的「利己主義者」，至少自己是快樂的；只考慮他人的「利他主義者」，自己雖然不快樂，但是他人會得到快樂；最悲慘的，莫過於完美主義者，因為完美在現實世界中並不存在，必定讓自己和他人都陷入無止境的失望之中。

如果我們看懂了別人的操作系統，無論這所謂的「別人」是個人、還是群體，比如我們看懂了對方是「利己主義者」「利他主義者」「完美主義者」，就可以使用對方可以理解的操作系統，很順利地來進行對話。

這樣的對話，並非偽裝，而是真誠的。「見人說人話、見鬼說鬼話」，仔細想來，就是**看懂「人」的操作系統跟「鬼」的操作系統以後，能夠不帶價值評斷，掌握讓這套系統順利運行的邏輯，做出如何對話的決定。**

歡迎來到對話的世界！

面對思考方式不同的客人，應該用同一套菜譜嗎？
面對思考方式不同的人，應該用同一套方式對話嗎？
你可以做什麼，讓思考對話能夠深入？

第 2 堂

主動傾聽

是因為傾聽所以有趣，
還是有趣所以我們傾聽？
傾聽有什麼技巧？
讓我們來練習「觀察能力」。

我聽得出沒有說出來的話嗎？

——學會閱讀空氣

傾聽和主動傾聽最大的區別是，傾聽是聽說出口的話，而主動傾聽，是試著去聽那些沒有說出口的話。

當我們到一個比較高級的餐廳時，負責點菜的服務生通常會問：

「有沒有什麼不吃的？」

「可以吃辣嗎？」

「有任何食物過敏嗎？」

「在座有人是吃素的嗎？」

面對不同的客人，除非是一個自負的廚師，否則不會堅持自己的做菜方式。

自負的廚師，往往忘記自己跟自己所做的菜，都是為了顧客而存在的，走進餐廳的顧客，並不是為了廚師而存在的。

所以一個好的對話者，也要記得自己所說的話，都是為了對方而存在的，跟我們對話的人，並不是為了我們而存在的。

「面對思考方式不同的人，我應該用同一套方式對話嗎？」這個問題的答案就呼之欲出了。

對於不同的客人，不能用同一套菜譜，不給素食者做肉食，帶小孩聚餐時不選麻辣火鍋店，不給孕婦上酒，相信每個人都能同意這是基本的尊重。

雖然說是基本的，但是在日常生活的對話中，大多數人卻難以做到。比如一個媽媽會忍不住限制孩子的自主性，一個朋友會忍不住給對方戀愛建議，或是面對剛剛失去了母親悲痛不已的人，卻總是有人把「這沒什麼大不了，誰的父母不會死？你振作起來！加油！」當作安慰的話，或是故意去鬧正在氣頭上的人，說一些自以為幽默的話，以為這個叫做緩解氣氛。

在台灣，會把這種人叫做「白目」，在日本，則會說這個人「不會讀空氣」（空気読めない），但是意思是一樣的，都是說不會察言觀色、搞不清楚狀況，或是不會看人臉色。

說不定，你也玩過一款日本推出的APP遊戲，就叫做「閱讀空氣」，這個遊戲可以測試一個人的「白目程度」，一開始的畫面就在螢幕中央用了書法大大地寫了「閱讀空氣」四個大字，彷彿要進入一個異次元空間。進去以後裡面會出現很多狀況，電車上有空位……該坐哪裡？擁擠的電梯裡進來兩個人……移動？不移動？捷運的電扶梯上端兩個人一左一右站著聊天卡住了通道……左邊的人該移動，還是右邊的人？偶像來開球……要打？不打？國王召見請你拯救世界……答應？不答應？透過操作畫面中紅色的人，在不同的狀況下採取不同的反應，來完成動作。在這個遊戲裡，大概五題或十題之後就會給一個評語，像是「巧言令色」「恰到好處」「勉強可以」「有點糟糕」……等。

很快地，玩家就會發現，其實人與人之間相處，都會存在一個氛圍之中，即使不透過話語，我們也能感受到空氣中傳遞的訊息。如果不想要當一個常在狀況外的人，就必須學會閱讀空氣，去改變一些行為，例如遊戲中有一個在電車上的狀況題，你一個人坐在三人座的中間位子，兩邊則是空位，這時來了一對情侶，當三個人面面相覷時，你會怎麼做？

要當一個白目、還是一個能夠察言觀色的人，其實都是我們自己的「選擇」。換句話說，**沒有什麼空氣是看不懂的，只是我們選擇要不要回應、如何回應**。「讀空氣」並非只是單純察言觀色，而是培養觀察環境氛圍、提出並溝通改善意見，再加上落實執行的綜合能力。

這個遊戲系列雖然簡單，從二〇〇八年推出以來累積遊玩的人次卻超過一千萬人，Nintendo Switch 版遊戲中，甚至還追加了可以兩個人一起挑戰的「兩人一起閱讀空氣」（2人で空気を読む）模式，測驗「兩人閱讀空氣程度」。也就是說，一個人單獨的時候，跟兩個人的時候，或是一群人的時候，我們可能會採取不一樣的行為模式。所以在放學時間的擁擠公車上，一個落單的高中生往往會安靜低著頭裝睡或是玩手遊，避免跟任何人互動或眼神接觸，但是一群高中生卻會用高分貝的音量大聲喧譁，引起全車的乘客側目也不在乎，甚至覺得有點光榮。

「我們又不是日本人，幹麼活得這麼累？」然而體貼、為人著想、遵照慣例、有所顧慮……真的是日本人才需要的互動模式嗎？

「閱讀空氣」其實就是「主動傾聽」的具體表現，而**主動傾聽是對話必要的關鍵能力**。

你一個人坐在三人座的中間位子，兩邊則是空位，這時來了一對情侶，當三個人面面相覷時，你會怎麼做？

當這對情侶假裝對你視若無睹時，你又會怎麼做？

你知道為什麼你內在的操作系統，會讓你做出不同的回應嗎？

主動傾聽的五個方法

主動傾聽，相對於被動傾聽。被動傾聽，是聽到對方說出來的話，而主動傾聽，是聽到對方為什麼這麼說的原因。

要怎麼做，才會懂得閱讀空氣？

就像我們在第一堂裡面討論的，每個人都內建了一套操作系統，一旦認識了這一套操作系統，才開始認識自己，知道自己的內在邏輯是怎麼設計的。

當我們發現我們面對的人，思考方式跟我們的邏輯不同，也就是說對方是另外一套操作系統，如果要達到溝通的目的，我們就不能堅持使用自己的程式語言跟對方對話。

如何讓對話能夠深入？首先需要被動傾聽，傾聽對方說了什麼，識別出他的內在系統；然後主動傾聽，聽對方沒有說的是什麼。對方沒有說出來的話，雖然有時候是故意隱藏的，但是更多的時候，是對方自己也不知道，或是忽略，但的的確確暗含在話語背後的思想，包括了這個人的「信念」跟「價值觀」。

從開始學會主動傾聽的五個方法吧！

一、記得自己在團體之中

在合唱的時候，我們不只要能夠聽到自己的聲音，還要能夠聽到我們共同的聲音，以及我的聲音在團體的聲音中，扮演著什麼角色。

一部可以感動人的電影作品，一定是以團隊的力量才能完成，不管一個導演、一個攝影師、一個編劇、一個演員多麼有才華、有創意，光靠任何一個人的本事是無法達成的。因此，**不要因為一時的情緒衝動，毀了團隊之間的感情與互信**。所以在發生意見不同的爭論時，先把那股氣 Hold 住。

我們每一天的生活，就是生活在團隊之中，雖然這個團隊不見得完美，也不一定是自己選擇的，但是這個不完美的團隊，仍然比我們任何一個人單獨能夠做到的表現更加優秀。假裝自己不在團隊中生活，或是誤解自己的能力能夠勝過整個團隊，就是忘記了自己存在團體之中的事實。

我作為一個超過五十本書的作者，從來沒有忘記「作者」其實只是出版書的一小個環節而已。這個團體裡面有編輯，有設計版面的美編，有設計封面的設計師，有印刷廠，有出錢的出版社老闆，有想辦法把書賣出去的經銷商，有需要能夠隨時靈活調貨的倉儲，有讓書可以被讀者看到的通路，有面對賣不出去的退書跟風漬書、充滿挫折感的業務員，更重要的是，還需要有每一個願意花錢買書的讀者，都是構成一本書不可或缺的團體。如果忘記了這個重要的事實，就不是一個合格的作者。

二、先 Hold 住自己的情緒

很多人常常沒聽完對方的話，覺得被誤解，就急急忙忙想要為自己辯駁，而不把話聽完，反而留給人不好的印象。

雖然我們有時候被別人誤解，但是請仔細想想，當我們急於辯駁的時候，往往不是被誤解了，而是我們不想要被揭穿的自己，真正的意圖被對方識破了。

與其立即做出反應，還不如先靜下心來，想想對方說的，是否才是真的？我們有時候被各式各樣的禮教、教條所洗腦，甚至不知道自己說出來的那些表面上很有道理的話，其實都是虛假的違心之論，像是「吃虧就是占便宜」，或是「吃得苦中苦，方為人上人」之類的，都是毫無邏輯的謊言，我們為什麼要為那些我們自己也不相信的謊言辯駁呢？

聽完了以後，想完了以後，發現別人的指控當中，情緒的背後，其實是有道理的地方——哪怕只有一點點也好，**如果想要辯駁的話，先承認對方說的有道理的地方**，給予對方肯定，也讓對方知道我們確實仔細傾聽了對方的觀點，而沒有被強大的情緒所淹沒。

三、直視自己

我常常提醒來上教師培訓工作坊的老師，如果真的想要成為一個好老師，記得上課要錄影。

錄影的時候，鏡頭的焦點不是要放在學生身上，而是在老師自己的臉部。

上課完之後，老師有沒有勇氣看那個真正的自己，跟想像中的自己，落差有多大？

聽到調皮的學生說了一句話後，你看到自己表情露出的不屑跟不耐煩嗎？

你看到自己的眼睛，是看著學生，還是閃爍不定，甚至背對學生，只盯著黑板？

你是在教黑板，還是在教學生呢？你認為從小就會察言觀色的學生，只會聽老師說出的關愛的話語，而沒有閱讀出老師下壓的嘴角那憤怒的表情嗎？

就像日本慶應義塾大學社會學研究科博士內藤誼人在《閱讀空氣的技術》書中指出「閱讀空氣」必須掌握的三大關鍵，其中一個就是「觀察在場人士的眼神與表情變化，裡面藏著許多值得閱讀的訊息」。我們會這麼觀察別人，其實別人也會這麼觀察我們。

這是為什麼富士電視台電影事業局局長龜山千廣強調：「到現場去！」一個有經驗的創意工作者，會鼓勵設計師一定要親自到你的產品會出現的現場，不能只是關在辦公室裡或是坐在電腦桌前，為自己發想出來的點子覺得自我感覺良好。

比如拍電影的導演，當然要把自己當成一般的觀眾，親自買票進戲院去，才知道觀眾真正的反應。**傾聽「空氣」，會讓我們知道自己的真實形象，跟自己心目中的理想形象，這之間的距離有多遠**，現場蒐集珍貴的第一手資訊是市場調查永遠做不到的，讓我們知道我們以為別人的需求，跟真實的需求，這之間的距離有多遠。

四、記得目標客戶

很多藝術工作者，都醉心於創造「好的作品」，自己心目中的傑作，而看不起別人的「暢銷作品」。

但是我們真的知道「好的作品」跟「暢銷作品」本質哪裡不同嗎？

好作品一定暢銷嗎？

是否暢銷作品，就一定不是好作品？

仔細一想，就會發現這兩者其實根本沒有邏輯關係。「好的作品」跟「暢銷作品」這兩者真正的區別在於「好的作品」並沒有把目標客戶放在考慮之中，而「暢銷作品」是為了目標客戶而設計、存在的。

這解釋了許多充滿熱情的年輕人，很努力地將創意付諸實現，卻不被市場接受，於是做出自己「懷才不遇」的結論。

在二〇二一年初，全世界都還在疫情的籠罩下，航空業幾乎全面停擺，我因為工作關係搭了在疫情中開航的星宇航空公司（STARLUX）從曼谷到台北的航線，全班機只有不到十個乘客。我很驚訝看到座椅前面的口袋中，竟然還有機上雜誌，而且是嶄新出版的，更驚訝的是，當我打開內頁，看到我的好友 Idan 開設的室內設計公司，竟然在這本幾乎沒有人會看到的機上雜誌上登了全頁廣告。而且根據我的了解，她設計公司的目標客戶，都是國內外金字塔頂端豪宅的主人，光是一間浴室就至少要兩百五十坪的那種，這樣的客人應該出門會搭私人專機，絕對不會是搭乘星宇航空的客人。

下機之後，我立刻跟 Idan 聯絡，因為我相信聰明如她，這麼做一定有她的道理，只是我沒看懂而已。

「哦！那個啊！」Idan 像往常一樣溫柔地笑一笑，我幾乎可以想像她正在甩頭髮的樣子。「我是要給星宇航空的老闆看的，他是我想要的 TA。（target 目標，對象）」

這麼一說，我突然懂了，這是一篇只為了給一個人看的行銷廣告。在這航空業低迷的時候，絕對沒有人會買機上雜誌的廣告，如果有人在這種時候買廣告，一定會引起老闆的注意。**讓自己要說的話，讓想要對話的人聽到**，這真是太聰明了！

五、對人不對事

對話的時候，不能只想著眼前「我想做什麼」「我想說什麼」，而是要記得「**我想**

成為什麼人？」以及「**我想要別人怎麼看我？」**

因為我們說的話、我們做的事，其實過了一陣子，都不大會被記得，但是對方一定會記得我們說話的時候，帶給對方什麼感覺，而這種對我們的感覺，就會變成了對方判斷我們的根據。這個人從容和善，而那個人慷慨大方，這個人性子急促，而那個人剛愎自用。

要記得我們在說的每一句話、在做的每一件事，都是為了「別人心目中的自己」而鋪陳，思考「我想要這樣說」「我想這樣做」，都只是針對眼前的情況來思考，屬於非常短期的規劃，老實說都不會太重要；但是思考「我想透過做這件事、說這些話，在對方的眼中，成為什麼樣的人」，則把思考的線拉長拉遠，從長期的規劃來看待自己的言行。不是因為顧忌別人眼光，而偽裝成想讓別人看見的自己，而是確認別人看到的，跟我對自己的「人設」一致。

你喜歡說還是喜歡聽？

每年農曆過年之前，總會在朋友圈裡面看到許多年輕人如臨大敵，面對家人、長輩、三姑六婆的關心也好、閒言閒語也好，充滿了各種痛苦。這也難怪今年市面上出現了一款搞笑的過年紅色T恤，表面上充滿喜氣，「恭喜發財」四個大字底下寫著「歡迎問事」，然後明碼標價：問感情一千兩百元，問學業六百元，問事業八百元，問年終兩千元，問生子三千六百元，而且註明要「現結」。莞爾之餘，不難看出我們對於他人的眼光跟價值評斷，背負著多麼大的痛苦。

但是話語真的會傷人嗎？我們也應該問自己。

在蘇格拉底對話的原則裡面，有一條就是「對他人的評斷無所畏懼」。這條公約的內容是這樣的：

你對他人即將對你所做的評斷，應該無所畏懼，也應該無懼於對他們做出評斷。因

為評斷本身是一個極重要的理性工具，你應該要具備並且實踐。但是別忘了評斷是否有價值，取決於是否有論證支持。

說起來簡單，要做到並不容易。我想趁這個機會，提出一個我們可以問自己、也可以問別人的簡單問題，透過回答這個提問，就可以從畏懼別人的眼光中掙脫束縛、得到自由。

這個充滿神奇力量的問題是：「你在說還是在聽？」

如果對象是自己，我們則可以問：「我現在應該說，還是應該聽？」我們時常在聽到自己不喜歡的話語時，急著辯解，雖然辯解本身沒有錯，但是當人在說話的時候，就停止了聆聽。我們應該問自己：我現在應該先聽再說，還是拒絕聽就先說。

很多人以為聆聽代表默認。這就是我們急於辯解的原因。如果我們知道聆聽只是確認自己理解對方真正的觀點，而不是還沒聽清楚就頭腦一聲轟然：「又來了！」如果需要的話，不妨耐心等待對方說完之後，用一、兩句話歸納對方的內容，跟對方確認：

「我跟你確認一下，我聽到你說的重點是……」

如果對方同意，我們開始平靜地回應。

如果對方否認，有可能是我們對於對方的成見，讓我們無法理智思考，誤會了對方的意思，也有可能說話者沒有邏輯思考的訓練，不知道自己說了什麼，或是表達能力欠缺，不知道別人聽到的是什麼。但經過別人重述之後，再進入自己的耳朵，或許會有不同的發現。

韓國有一個教會的婚前諮商，教導即將進入婚姻的新人，吵架沒關係，但是在吵架的時候要遵守一個規定：先重複一次對方罵你的話，跟對方確認，然後再罵對方。

這麼做的好處有三個：一是讓憤怒的情緒，會因為必須重複對方的話語而減慢吵架的速度；二是聽進對方對自己的指控，無論多麼難堪，意識到自己在對方心目中竟然是個這麼糟糕的人；三是讓罵你的對方也不得不聽見他脫口而出的話語，原來是這麼惡毒、難聽。

同樣的這一套方法，用在家族長輩對年輕人自以為是的批評指教上，也會出乎意外地有效。

如果對方聽了以後要改變說法，那就再次聆聽，聽完之後，再次整理成一兩句話確認，不厭其煩。如果對方根本沒有一個清楚的論點，不斷言詞閃爍，「也不是這樣啦……」「我的意思其實是……」最後的結果只會有兩種，要不就是對方真正的本意，越來越無法用巧妙的言詞閃躲，必須說出內心的實話；要不就是發現自己很無聊，根本沒有什麼值得說的，自討沒趣幾次之後就會知難而退了。

「你現在要說，還是要聽？」我們平靜而面帶微笑地說這句話的時候，這樣的我們是充滿力量的，無論你和對方之間的權力關係如何不對等。

如果我們相信對方應該先傾聽我們所要說的，也可以提醒對方，一次一個人說就好，當你說完以後，你也會安靜聆聽他要說的，不同意這個基本規則的人，是沒有打算要溝通的。對話的雙方，也在這個過程當中，會很清楚地覺察到雙方說話和聽話的比例，是否合理分配，雙方也可以在對話當中從頭到尾保持平靜。

如果對方堅持自己已經聆聽了你說的話，但是你有所懷疑，那麼就繼續平靜而面帶微笑地請對方也用一、兩句話，整理一下你說的意思。

「不好意思，因為我表達能力可能有問題，我說的跟別人聽到的好像常常意思不一樣。」你甚至可以加上謙虛的說明，讓對方知道你並不是為了挑釁。

當對方果然誤解，或被抓到原來根本沒有在聽時，切勿見獵心喜，也不要當場發怒，而是耐心地再說一次。如果對方真的只想說、不想聽，當他發現跟你對話的痛苦指數超高，可能就會放棄對你的批評指教，或是因為意識到自己對話能力有問題，而改變自己只說不聽的壞習慣。

回到前面的問題：話語真的會傷人嗎？我會說，就像魔法一樣，只有當你無法控制力量的時候，才會傷人傷己。「你在說還是在聽？」就是這樣一句充滿力量的咒語，可以瞬間改變對話的品質，說不定會讓對話的結果出現意外的轉彎，長期來說，甚至可以改變兩個人之間的關係。

當我們知道自己說話的時候，對方正在傾聽，我們就不會說出隨意的評論。當對方知道他在說傷人的話語時，你不但正在傾聽，而且這些話語過幾秒鐘還要重新回到他自己的耳中，品嘗這些字句的苦澀滋味，還要經過自己的嘴巴確認，為這些話語負起全責，或許就不會輕易說出口了。

傾聽的人不是弱者，只要你知道如何使用方法確認你所聽到的語言，傾聽的人，其實才是點石成金、主導對話的強者。

透過思考對話的本質，你我都可以成為主宰對話的魔法師！

1. 當你下次聚會遇到喜歡批評指教的親戚朋友，考問你討厭的問題時，我會試著在所有人面前，緩慢而大聲地將他問你的問題，心平氣和、一字不漏地複述一遍，然後面帶微笑地跟對方確認：「請問這是你想要問我的問題嗎？」然後等待、觀察，並且享受對方尷尬而手足無措的反應，你會有驚奇而滿足的大發現！

2.如果對方鍥而不捨，只要問對方：「那你覺得我應該要怎麼做呢？」

然後用同樣的方式，將對方的回答，在所有人面前，緩慢而大聲地將他的指教，心平氣和、一字不漏地複述一遍，然後面帶微笑地跟對方確認：「請問這就是你想要我去做的嗎？」然後等待、觀察，並且享受對方尷尬而手足無措的反應。保證最多不超過三次，這種對話就會從你們的互動中永久地消失！

第 3 堂

學會從別人的角度看世界

學會像昆蟲一樣有複眼，
可以用別人的角度來看世界、看自己。
讓我們來練習「預設」（presuppositions）能力。

閱讀完空氣，然後呢？

我過去曾在一份女性雜誌上，看過一個測驗，這個測驗裡有十個題目：

1. 發現苗頭不對，會設法避開某個人或某個狀況。
2. 儘量不在討論中引人矚目。
3. 被人稱讚時會不知所措，很難坦率表達謝意。
4. 受到別人不合理的強烈批評時，會選擇沉默。
5. 被人熱情請託時，會不好意思說「不要」。
6. 會很在意別人的眼光或對你的評論。
7. 拒絕別人的拜託時，心裡會產生罪惡感。
8. 與人交談時，常常會迴避對方的眼神。
9. 即使有不知道或不懂的事，也不好意思要求別人說清楚。

10. 遇到事情很不果斷，需要一再詢問別人的看法。

這個測驗中，每一個符合就代表一分，得分越高，表示這個人越自我否定。

而這篇文章，是針對漫畫改編的日劇《凪的新生活》（凪のお暇）寫的。凪這個字，在漢語中的發音是「止」，也是這個劇中女主角的名字。大島凪的人物設定是一名二十八歲的東京上班族，興趣是「省錢」，性格不擅拒絕別人、極為注意察言觀色，經常過度在意他人眼光而總是迎合他人。因天生鬈髮，為了提升女子力而勤奮地每天將自己的頭髮燙直，所以屬於很會「閱讀空氣」的人。

照理來說，懂得閱讀空氣的人，不是應該活得很好嗎？但是平時是個好好小姐的大島凪，時常幫同事背黑鍋，甚至分攤不屬於她的工作，她雖然對「閱讀空氣」很敏銳，但總是無法坦率地回應，過著自我否定的生活。忍無可忍的凪最後毅然離職，並將多數的家當都丟棄處分掉，一人搬往東京郊外居住，斷絕所有原本的人際關係，展開了找回自我的新生活。

所以學會了觀察，閱讀完空氣以後，該怎麼做？

在這十個問題裡，你的得分多少？

你也是會「閱讀空氣」，但是不知道「回應」的人嗎？

「如果你想要打蒼蠅，蒼蠅會怎麼樣？」

有一回，我的母校台大邀請我去帶領一個「食養農創計畫」的影像訓練工作坊。而這個問題，是我的開場白。

在場的老師跟學生都笑了。「當然會飛走啊！」

「是的，」我說。「那就是回應。回應表面上很簡單，但是蒼蠅能夠做到立即回應、具備適當回應的能力，是怎麼來的呢？」

「是直覺吧？」有一名前排的博士生說。

「是直覺嗎？」我挑戰這個學生的想法。「我們依靠直覺所做出的回應，總是適當的嗎？」

那名學生搖搖頭。

「如果蒼蠅不是靠直覺回應揮向牠的手，那牠靠的是什麼呢？」

在場的師生停止了笑聲，陷入了思考中。

NGO的工作瓶頸要用「對話力」解決？

大多數人應該沒有聽說過這個跨越文、社、理、工、農、管等學院教師的「虛擬課群」計畫，所以請容我簡單說明一下。

過去幾年來，台大一群跨科系的老師跟學生，因為有感於「食物議題」的重要性，很熱血地投入農業相關的課程、行動及事業。例如社會系館「屋頂菜園」的都市耕耘實驗、城鄉所在坪林協助茶農創立「藍鵲茶」的產銷實驗、地理系在紹興社區協助農耕蔬食的人本實驗。另外，城鄉所、中文系、農藝系也有不少學生，以社團或個人身分投入宜蘭深溝村「小田田」稻米實種，或是「好食機」農產平台等事業。

原本在雲裡霧裡的學術象牙塔，透過觀察、「親耕農創」的實作，直接由城市開始，讓城市人能夠親近土地、熟悉耕作、尊重農食，讓受傷的地球恢復元氣、讓失落的人際關係重新黏著、讓農作成為創新生命經濟的根本。重新探索農業的價值，重新思考公正分配的問題，重新省思人與自然、人與食物、人與社會的緊密聯帶，進而具體檢討農食過度商品化、糧食自主、糧食安全、基改風險、土地剝削、社區貧窮等一連串的全球性問題，為學生打造社會實踐或創新創業的基礎。比起理論的研究，更能夠體現人文精神、社會良知，在城市裡就能夠實踐農鄉的價值，藉由食物開創人文的養分。

我身為台大校友，發現自己在大學時代，雖然意識到當前無盡追求成長率的「累積型世界觀」不公平、不正義，也不可能永續，但是這都只是文青腦子裡的烏托邦藍圖，並沒有人帶領我從身旁的都市、食物開始去觀察與探究，透過實作反思工業資本主義的飲食倫理。老實說，我是一直到三十歲以後，被國際ＮＧＯ組織派去了緬甸內戰區域，從事和平工作時，才意外地透過罌粟花的轉作計畫，認識土地；也經過學習樸門農藝作為起點，漸漸能夠體會並且重現「循環型世界觀」。說「維護地球的永續生機」我覺得是唱高調了，但是找回自己內在的自然節奏是真的。

所以自從接受了這個邀請，我就開始想著，如果時光倒流回到大學，那時候的我，會希望有人能夠帶領我怎麼在台北這座城市裡「觀察」土地跟農業的議題？

我回想有一段時間，自己在和平工作上，遇到了先前都沒有遇過的瓶頸。在緬甸北方克欽邦（Kachin State）內戰衝突地區教導武裝部隊和平談判及停戰協議的能力時，游擊軍隊的將領對我提出疑問：「你一直說我們要簽訂和平協議，要長久和平，到底和平有什麼好？你可以有證據告訴我和平比較好嗎？」在那當下，我意識到我只是一個乖孩子、好學生，從小被洗腦，接受了「世界和平好棒棒」這個很扁平的信念。但是我身處在戰爭的現場，親眼看著游擊軍隊為了保護人民免於受到殘酷的緬甸政府軍殺戮而放下鋤頭，拿起槍桿挺身奮戰，不願意白白受死，拒絕停戰，拒絕繼續當受害者，難道錯了嗎？也在那一刻，我發現自己根本沒有能力做出「和平為什麼比較好」的論述。**和平只是像一個高懸在天上的北極星，仰望只是一個習慣，我第一次看懂了反抗者的視角。**

那時，我從小到大用各種社會灌輸的信念包圍起來的城堡，受到震撼而瓦解了，剩下一個渺小而脆弱的我，像是失去了舊殼，但是還沒有找到新殼的寄居蟹，看到新的洞見，讓我既快樂又痛苦。

於是我決定先放下工作，啟程前往法國學習哲學。

重點在於「視角」的區別

當時，我的法國哲學老師奧斯卡（Oscar Brenifier）要求每個學生寫下一件最困擾自己的事，並嘗試用昆蟲學家的角度，好好研究自己這隻昆蟲的習性與行為。

他當時是這麼說的：「請成為自己的昆蟲學家，以及被研究的昆蟲。」

我一開始覺得這句話就像禪宗公案一樣，讓人毫無頭緒。

為什麼是昆蟲呢？

為什麼是昆蟲學家呢？

奧斯卡雖然平時住在巴黎，但是夏天都會回到勃艮第大區鄉下的老家避暑，附近就是韋茲萊（Vézelay）鎮，是「聖雅各朝聖之路」（Santiago de Compostela）的起點，從這裡出發，跨越庇里牛斯山進入西班牙，一路向西徒行，直到海洋為止。

我在這朝聖之路的起點，來回散步、思考這個問題，直到突然有一刻，我想通了：是複眼！

複眼。

複眼。

複眼。

昆蟲的視角，跟人類的視角，最大的區別，就是複眼啊！

我興奮地上網查「複眼」究竟是什麼。我以為我知道，但是我並不知道。

根據我找到的說明，複眼原來是一種由不定數量的小眼組成的視覺器官，主要在昆蟲及甲殼類等節肢動物的身上出現，同樣結構的器官亦在雙殼綱身上出現。構成複眼的小眼數目視物種而定，從古顎類的數個到一般昆蟲的數以千計都有可能。複眼的優點是能夠為動物提供廣闊的眼界，並可以有效地計算自身與所觀察物體的方位、距離，從而有利於複眼類昆蟲做出更快速的判斷和反應。在某些例子中，昆蟲的複眼甚至能夠分辨光的偏振。在昆蟲中，複眼還占了整個頭部不少的面積。複眼分辨率受到像點的限制，一般來說，其影像分辨率比人類的眼睛低。但其時間分辨率比人的要高十倍。人的眼睛每秒能分辨二十四幅圖畫（這也是動畫片的最低速度）。而昆蟲的複眼則可達兩百四十幅左右。複眼的視野比較大（這也可以透過我們日常拍打蒼蠅的經驗得到，無論我們從哪個方向下手，蒼蠅都會快一步飛離）。

簡單來說，昆蟲的複眼可以做到兩件非常獨特的事：

1. 昆蟲球形的複眼，可以幾乎看到三百六十度，不但可以用不同的角度看同一件事物，甚至可以從外界的角度來看自己。

2. 每一秒動作，都被昆蟲拆解成兩百四十格的慢動作，所以昆蟲對於事物的變化，都可以看得清清楚楚。

也就是說，複眼可以讓自己暫時「出竅」，**脫離自我中心的習慣，站在自己的對面，客觀地看自己的處境，而不是用自己一廂情願的想法，來看待現實。**

我喜歡昆蟲的比喻。許多昆蟲有著數以千計的複眼，複眼的視野很廣大，所以無論我們從哪個方向下手想要打蒼蠅，都很難打到。家蠅的複眼由四千個小眼組成，蝶、蛾類就更別說了，牠們的複眼竟然高達兩萬八千個！所以昆蟲是注視的天才，而「注視」（see）這個詞在英文裡，字根就是「跟隨著眼睛」的意思；「直覺」（instinct）這個詞在世紀字典（Century Dictionary）的定義，本身卻有「盲目」的意思。

如果可以選擇，我會選擇用「注視」來回應，而不選擇用「直覺」來回應。如果可以選擇，我也會選擇用昆蟲的視角來「注視」，而不是只有兩個眼睛，而且長在臉的同一面、看著同一個方向的人類視角注視。

雖然昆蟲的複眼每秒可達分辨兩百四十個畫面，但是人類弱弱的眼睛，每秒其實也能分辨二十四幅圖畫，如果我們願意專心注視，要觀察事物如何在細微之間變化，其實綽綽有餘。

學習當一個昆蟲學家，就是跟昆蟲學習，並且把自己當作昆蟲來研究，在注視世界的過程中，世界的問題，就變得容易「回應」了。

為什麼遇到困難的時候，
「注視」這個困難本身，把這個大困難拆解成二十四個畫面，
比用「直覺」來回應更好？
你有用「注視」解決困難的成功經驗嗎？
你有沒有用「直覺」解決困難的失敗經驗？

找到「擊球點」——回應力

在飛往美國的飛機上，每一個座位前面都有一個電視螢幕，這個多功能的電視螢幕，可以看電影，也有很多給小朋友打發時間的電動遊戲。

我的座位後面，坐了一個精力充沛的小朋友，自從起飛以後，他就開始玩電動，不斷地用力戳螢幕，正好就是我後腦勺的位置，讓只想要休息的我，非常地不舒服，一想到接下來還有十幾個小時，就覺得痛苦極了。機上電動遊戲的設計本來就是要按螢幕，螢幕無法移動，飛機座位是全滿的，沒有空位可以換座。請問如果你是我，會怎麼辦？

複眼的概念，好像很容易理解，但是在現實生活當中，要怎麼應用呢？

我有一個朋友，是徒手抓蒼蠅的高手，我問他：「蒼蠅有四千個眼睛，無論你從哪一個角度，你還沒有靠近牠，牠一定早就看到你了，怎麼可能會被抓到呢？」

「這個簡單！」我這個抓蒼蠅高手的朋友說。「從背面抓一定抓不到，但是從正面抓，就能抓到了。」

經過他一番說明以後，我才聽懂，雖然蒼蠅可以看到有人靠近，但是因為蒼蠅的翅膀構造，在靜止的狀態要飛起來，就只能往前飛，不可能往旁邊飛，也不可能往後飛，更不可以像直升機一樣往上飛，或是往下飛。所以即使危險都看在眼裡，還是只能眼睜睜地看著自己飛進張開的手掌裡。

即使有四千個眼睛的蒼蠅，如果回應危險的唯一方式，就只能往前飛，那麼當然只有死路一條。**因此除了擁有不同的視角，還要擁有回應的能力**。

複眼可以跟昆蟲學習，那麼回應力要跟誰學？

跟號稱「瑞士球王」的職業網球選手費德勒學。

我看過一個球迷在網路上說，他在看球賽轉播的時候發現費德勒擊球時，當他擊出一記漂亮的正拍致勝球之後，在緊接著的慢動作重播時，發現他在擊球的瞬間眼睛竟然是閉上的！

「所以費德勒在擊球之前，他的眼睛究竟在看哪裡？」

於是他找出影片來，從慢動作影片去分析，發現費德勒幾乎在每一次擊球的瞬間，頭部與視線皆短暫停留在那個即將發生的「擊球點」位置，反拍與正拍似乎都是這樣，只在完成擊球之後的向後帶拍（follow through）才移動視線。

費德勒為什麼要將視線停留在擊球點？

第一個原因，是為了要能夠「專注」。

從事動態運動的人應該都知道，要在長達數小時的時間中，一直維持著高度專注力幾乎是不太可能的事，特別是在體力降低的時候，與其目光整場盯著飛快的球，還不如只在需要的時候把注意力凝聚在擊球處。只有在需要專注的時候專注，注意力才可以獲得提升，讓所有思緒都收攏在擊球的每一刻。

第二個原因，是為了要能夠「暫停」。

就像我們在前面說的，人的眼睛每秒能分辨二十四幅圖畫，當我們目光集中在一個位置凝視的瞬間，就會產生一種類似「暫停」的效果，讓球員可以觀察到細微的狀態改變，也可以感覺到自我的步調，排除外在的雜訊，回到自我的掌握之中。

選擇適合自己的回應方法

回到我的例子，飛機的座位後面，坐了一個精力充沛的小朋友，不斷地用力戳螢幕，正好就是你後腦勺的位置，讓只想要休息的你，非常地不舒服，一想到接下來還有十幾個小時，就覺得痛苦極了，請問你「擊球點」在哪裡？

在孩子？

在父母？

還是在自己？

就像我每年透過電視轉播，觀賞在英格蘭雪菲爾的克魯斯堡劇院舉行的英式撞球司諾克比賽一樣，在擊打彩球入袋之前，選手必須向裁判聲明其準備用母球擊中哪個球，不能靠運氣，亂槍打鳥。當然，在擊球意圖非常明顯的情況下，沒有必要向裁判聲明。但是如果有兩個或兩個以上的彩球位置接近或在同一視野中，選手就必須向裁判聲明其準備用母球首先擊中的球，大致上就是這個道理，不能靠運氣球（fluke）。

如果你選擇的擊球點在孩子，那你就可以判斷，這是一個大到可以講理的孩子，還是一個年幼到無法講道理的孩子。如果孩子夠大，就可以選擇直接對話、提出要求。

如果發現孩子還很小，可能還不滿三歲，那麼擊球點就會是父母。就像撞球比賽常見的那樣，先跟孩子對話作為引子，目的是與父母對話，再向父母提出要求。

當我選擇比較大的孩子作為「擊球點」的時候，必須知道，我認定孩子的行為是必須被糾正、不可原諒的。

當我選擇父母作為「擊球點」的時候，我在說的是，可以原諒比較小的孩子，但是不能原諒孩子的父母。

這兩者除了針對「身體的不舒服」，還有「心理的不舒服」，裡面又可以細分為三種，一是「對孩子的不舒服」，二是「對父母的不舒服」，但是還有一個更重要的，是「對自己的不舒服」，也是最大的不舒服。

把自己置於可能會尷尬的境地，而且意識到自己無法原諒孩子、無法原諒孩子的父母，是否意味著自己是一個氣度狹窄的人？這種不舒服，可能更甚於身體的不舒服。

這四個都是我們可以選擇的「擊球點」。當我們具體地看懂空氣，還有空氣中隱形的擊球點時，就可以選擇適合自己的回應方法了。

遇到挫折時，你真正在乎的是身體的不舒服，還是心理的不舒服？
當你心理不舒服時，通常比較嚴重的是別人讓你不舒服，
還是你讓自己不舒服？

第 4 堂

找到自己的聲音

如何在開口說話之前，
知道別人聽到的是什麼？如何預測對方的反應？
讓我們來學習「常識」（common knowledge）。

獨唱，還是合唱？

我從小因為害羞，在眾人面前講話聲音特別小，常常因為這樣被大人指責或是當眾糾正。對我來說，我的聲音總是「不對勁」，變聲之前我的嗓音太高，聽起來像個女孩兒，讓我有些自卑（雖然現在回想起來，不知道有什麼好自卑的）；變聲之後我的嗓音又太低沉，在西方國家往往一開口讓人嚇一跳，熟了以後我特地問了朋友，他們告訴我印象中亞洲男人的聲音比起西方男人尖細，所以突然聽到低沉的亞洲男性聲音，覺得很意外。

因為覺得自己的嗓音跟多數人不一樣，所以除非必要，比如在講台上演講或是授課，平常我是一個不喜歡開口的人。

在眾人面前開口唱歌，那就更別說了。不如殺了我吧！

但是到了高中的時候，情形卻有一些改變。我參加了合唱團，開始享受從自己嘴裡發出的聲音——但是只限於合唱的時候。我仍然無法自自然然地在別人面前唱歌，就連一個人在浴室洗澡的時候，也不會哼歌。

合唱與獨唱同屬聲樂藝術，到底有什麼區別？為什麼我只能接受自己的聲音出現在合唱，但是無法獨唱？

我帶著這個疑惑，跟一位泰國的聲樂老師請教，他告訴我一個關鍵：「合唱不等於獨唱的集合。」

表面上，個體形式表現的獨唱，歸屬自身聲部集合後，應該就是合唱，但事實並非如此。

就像一窩螞蟻，並不是單一螞蟻數量上的集合。一窩螞蟻作為一個整體，會出現不同於任何一隻螞蟻單獨時都有的表現。一群人合唱，當然也不是每個人在一起獨唱的集合。

聲樂老師告訴我獨唱和合唱至少在兩方面有很大的區別。

一個是情感不同。獨唱需要有感情，但是合唱跟藝術歌曲的演唱比較接近，必須嚴格按照作曲家的創作去詮釋，在聽覺上給聽眾的感受是柔和抒情的，是嚴謹、理智和極具修養的，以積極控制的音量和半聲為主的狀態直聲演唱。聲音平直而抒情，柔和而沒有火氣，演唱時聲音的整體線條非常清晰，抒情性強，用柔和的音色，理智地參與演唱。換句話說，獨唱要用感情，但是合唱沒有什麼感情。

另一個是呼吸技術不同，合唱的時候，呼吸是整體的事，指揮會按照需要，有時候要求大家同一個時間一起換氣，有時候則是輪流換氣。意思就是說，一切都是整體的事，不只連歌聲大小輕重高低不是自己的事，連呼吸都不是自己的事。

除了這兩個之外，還有很多技術上的區別，但那已經太過專業，超過我能理解的範圍。

但是我明白了，雖然表面上都是唱歌，但獨唱跟合唱根本是兩回事，只是剛巧都用人嘴裡發出的聲音來表現而已。

作為一個崇尚理性的人，我當然喜歡合唱，因為合唱藝術審美的深度追求，是一種理性的、刻意的行為和過程，感情豐富的人，則會選擇在獨唱當中抒發情感。

就算不在唱歌的時候，我仍然選擇了合唱，把我的聲音使用在群體之中，而不是用在個人的表現，比如一個人的時候很安靜，但是只要跟一群朋友在一起的時候，很自然地就會跟著大聲起鬨——回想起來，我從小就是這樣。

在那個時候，我的聲音，並不是我的，只是整體聲音當中的一個聲部，把自己的聲音當作一個工具，用來表達整體的情緒，但我自己其實是沒有這些情緒的。

那才是合乎我的操作系統的表現。我的聲音其實沒有什麼「不對勁」，以前沒有，現在也沒有，只是我的操作系統讓我無法當好一個獨唱者。認識自己的操作系統，知道自己的內在邏輯是如何運作的，果真是非常重要的事，可以幫助我們看懂許多表面上難以理解的謎團。

我的聲音，很少單獨存在。我的聲音，在整體裡。

這不算什麼好事，也不是什麼壞事，這就是我。

如果要選一個，你會選擇合唱還是獨唱？
這個答案符合在第一堂裡面，「我看到自己的操作系統」嗎？

蔣勳的聲音為什麼迷人？

在《野蠻生長》這本書中，我提過一個故事，是關於蔣勳的聲音，內容是說資深女演員林青霞，在聽完蔣勳老師講《紅樓夢》之後就很想見他，後來知道蔣老師在台北開課，她就趁每星期回台灣探望父親時去上課。

類似的話，我聽過許多次，很多聽過自詡為「美學傳道者」的蔣勳老師講話的人，都被他的聲音所吸引，雖然我從來沒有當面聽過蔣勳老師說話，但是我身邊有很多追隨著蔣勳老師講課的朋友，甚至有他當年在大學教書時候的學生。

其中一名當年的得意門生，叫做明如，她現在自己也是大學教授，她說會走上藝術美學這條路，就是受到當年的老師蔣勳的影響。

「大家都說蔣勳的聲音很好聽，他說出的是他自己的內容，還是別人的內容？」我問明如。

「嚴格來說，他說的《紅樓夢》、美術史、佛經，素材都是別人的內容。」

「所以蔣勳其實是選擇『別人的內容』，用他的聲音『詮釋』來『再創造』，妳同意是這樣的嗎？」

明如想了很久以後，同意這個說法。我可以看得出明如有一些痛苦、不自在，彷彿我在批評聖母瑪利亞不可能處女懷孕生子一樣，充滿了不敬。

「那麼，蔣勳主要是『模仿』別人的聲音，還是『原創』自己的聲音？」

我看到明如的痛苦指數不斷飆高，無法回答這個問題。所以我退一步，換了一種問法：

「蔣勳的聲音有沒有經過模仿，才變成今天的聲音？」

追尋著蔣勳腳步將近三十年的明如仔細搜索了記憶庫後說：「有，蔣勳的聲音有改變。但是改變的原因是『年齡』，聲音變得蒼老了，但是他說的初衷不變、內容不變，只是聲音變得更有『歷練』了。」

「歷練是什麼？」我問。

「是自己的生命經驗。」

「所以『歷練』這種東西，是模仿，還是原創？」

「是原創。」明如說。

「所以一個沒有生命歷練的人，是沒有自己的聲音的。妳同意嗎？」

說到這裡，我想我明白了，蔣勳是如何找到自己的聲音的，他並不是靠著幫《紅樓夢》、美術史、佛經這些美好的素材「配音」，而是通過他自己的生命歷練，把《紅樓夢》、美術史、佛經，變成了他自己的聲音，所以才如此迷人。

我也認識一位教文學的教授，他的聲音很好聽，可能比蔣勳的聲音更好聽，但是他的人品，跟他講話的內容，讓我一點也不想聽。所以一個人的「聲音」跟他聲音呈現的「內容」有沒有關係？這個答案是肯定的。

選擇內容的重要性

我時常聽到很多人抱怨自己的聲音不被人聽見。但是很多人可能忘記，當我們想要找到屬於自己的聲音時，還要**找到別人想聽的內容，找到自己的話值得別人聽的理由**。無論蔣勳的聲音再好聽，說的主題也是自己生命的歷練，但是講的內容是關於吃維骨力對於保護軟骨到底有沒有效果，我相信也不會有人感興趣吧？

當我們聽歌手唱一首歌，覺得好聽時，我們的判斷裡其實不只是音準、音色、技巧、感情等等，也包括了內容，所以當我們開口說話、想要表達自己的時候，別忘了內容的選擇，反映出我作為一個說話者，是一個什麼樣的人，值不值得聽。

莊子要跟友人監河侯借三升米碰了軟釘子的時候，朋友說他現在手頭也沒有，要等到收到了租金，到時候再借莊子三百錢，讓他吃個痛快。愛面子的莊子動了怒氣，即使是很會說故事的莊子，這時候用他最擅長的寓言故事來諷刺監河侯，也不值得聽。

「我昨天來的時候，聽到有人在路中央呼救。我到處看了一圈，發現有一條鯽魚在車輪印裡。我問牠：『鯽魚，你到這兒來幹什麼？』鯽魚回答說：『我是海神的臣子，現在被困在這裡，只需要一點水就能把我救活，你能救救我嗎？』於是我就答應了牠，說我這就往南去拜訪吳越的君王，引西江的水來救牠。誰知道牠生氣地說，失去了賴以生存的水，牠根本活不下去。眼下一點水就能救牠一命，我卻說這麼一番話，還不如早點去賣魚乾的店裡找牠呢！」

這個故事收錄在《莊子．雜篇．外物》裡，但是在我的眼中，是莊子說過最難聽的故事，因為任何人都可以看出這只是一個失意時借不到錢的窮人，惱羞成怒，不能夠用平常心接受別人的拒絕。如果我是監河侯，不管我有沒有米，也不會想要借給莊子，甚至一點都不想跟憤世嫉俗的莊子當朋友啊！

一個人願意聽我說話，一定不是因為我的聲音好聽，更重要的是我說的內容值得聽、我這個人所說的話值得聽，只有這時候，我的聲音才會被別人聽到，否則無論多麼大聲嘶吼，也只是惱人的背景噪音而已，不會被聽見——所有被媽媽催著去洗澡、睡覺的孩子，肯定都知道我在說什麼。

別忘了，如果蔣勳真的選擇談維骨力，就算引述了佛經、《紅樓夢》、美術史，他聽起來也就只是一個普通的老人而已，沒有人會在意。

你在說什麼內容的時候，別人會表示感興趣，甚至還想要多聽一點？

什麼時候，別人卻會忽視你？

別人是否透過他們對你的關注，或是漠視，告訴你在別人眼中，你是一個怎樣的人？

你真的跟自己所想的一樣，是個會「閱讀空氣」的人嗎？

奧修在〈The Rebel〉（叛逆者）這一篇裡，有一段我覺得很有共鳴的話：

小孩的「聲音」是很強的，但隨著成長的過程他慢慢地變弱了，而父母、老師、社會以及牧師的聲音卻越來越大聲。現在，如果要找回自己的聲音，你必須穿越這夥人的雜音。

「直接往內看：這是誰的聲音？有時是你爸爸的聲音，有時是媽媽、爺爺或老師的聲音，這些聲音都不一樣。不過就有一種聲音你不是那麼容易找得到——自己的聲音。它一直以來總是被蓋在底下。人們總告訴你說：聽年長者的話，聽牧師、老師的話。從來沒有人告訴你：聽自己的話。

「你自己的聲音是如此沉默微弱，而這群人的聲音卻蒙蓋在你之上，幾乎不可能找到你自己的聲音。首先，你必須先擺脫所有的雜音，回到寧靜，和平、沉靜與清澈的品質。唯有如此它才會出現，而且你會很驚訝你，竟然也有自己的聲音。它像是潛流般，一直藏在那裡。

「除非你找到了自己本然的意願，否則你的生命將會是一連串的悲劇——從生到死。只有那些依自己的意願生活，不服從任何其他人試圖將他們的思想觀念加在他身上的人，才能活在喜悅與祝福之中。總之，這些觀念或許有價值，但是對你沒有用處，因為那些都不是你的。唯一珍貴的是從你內在升起的、從你內在擴散出來的、從你內在展開來的。」

但是要如何才能夠找回自己長久以來失落、被消音的聲音呢？我在這裡可以分享三個步驟的技巧：

步驟一：分辨「誰」在說話

每當我們做出一個決定，有了一個明確的想法，先按下自己內心的暫停鍵，問問自己，我這些決定我言行的想法、觀念，是來自我自己的內心，還是來自別人的聲音？

很多時候，我們都會以為我們的想法來自於自己，但是一旦為自己說出口的話，找到真正的聲音來源，可能會很驚訝：

「要忍耐，不要那麼自私，這不就是從小到大父母跟我反覆說，我最討厭聽的話嗎？」

「我究竟是被誰洗腦，認為辭掉工作一天二十四小時關在家裡，幫失智的父母把屎把尿翻身餵食就是『孝順』？」

如果找到了聲音的來源，不需要管到底那個「誰」是誰，也不需要感到憤怒或恨意，**畢竟通往地獄的道路，往往是善意的石頭鋪成的，那些人很可能有良善的意圖，但是意圖不能讓荒謬的事情變得合理**。只要充分地自我覺察，知道那不是你自己的聲音，而是其他人的聲音，這樣就夠了，然後，做出新的決定，形成新的決定、新的行動。

步驟二：列出具體的好處與壞處

一旦辨識出別人的聲音以後，在紙的中間畫一條線，右半邊寫下「別人的聲音」，左半邊寫下「自己的聲音」。我們用前面具體的例子來試試看：

‧「別人的聲音」： 「要忍耐，不要那麼自私！」	‧「自己的聲音」： (1)：不需要忍耐。放棄也可以。 (2)：不忍耐不等於自私。自私的人才會要別人忍耐，達到自己的目的。

這時候，你已經聽見自己的聲音了。其實也有了具體的行動方法，只是你可能沒有立刻看見而已。而具體的方法，就是去認識**「忍耐」**跟**「放棄」**各自的好處和壞處。

「放棄」就跟「忍耐」一樣，不可能只有好處，或是只有壞處。所以我們可以這樣列舉：

1 寫下代表別人的聲音「忍耐」的三個好處：

A

B

C

2 寫下代表自己的聲音「放棄」的三個好處：
A
B
C

在沒有各找到三個好處之前，請不要放棄。有時候我們會因為長久以來的慣性，無法思考對我們來說不熟悉的行動，像是「找出放棄的三個好處」，這聽起來太奇怪了！放棄怎麼可能會有好處呢？有的話頂多也就只是小小的、微不足道的好處吧？

「放棄會帶來什麼微不足道的好處呢？」

「比較不會累。」

恭喜你，放棄的好處，已經悄悄在理性的思考中萌芽了。

「除了省力、比較不累，還有呢？」

「會省時間。」

「一點也沒錯！太好了！現在放棄可以不用一直忍耐，超省時！還有呢？」

「我知道了，忍耐太痛苦了，放棄比較不會心情不好！」

經過這樣的自我對話以後，我們看到「放棄」既省時、又省力，還會讓心情好。

如果今天有一個人告訴你，有一個行動，可以讓你省時、省力、心情還會變好，你會覺得這個行動值得採取，還是不值得採取呢？

這樣想清楚以後，你還覺得「放棄」是一件糟糕的事嗎？

步驟三：從模仿「別人」中找到「自己」

在找到屬於自己的聲音之前，模仿是一個必經的過程。

當我們在學一首新歌時，會去模仿原唱者的唱腔跟表達方式，這個模仿是為了更深入地了解自己的聲音。當我們在模仿自己的偶像，或是很厲害的歌手時，實際上是在探索自己聲音的未知領域。

有可能是：「原來這個高音我飆得上去啊！」

當然，也有可能剛好相反：「咦？這聽起來很簡單，怎麼唱起來這麼難？」

模仿的人不同，我們能接觸的領域也就不同，就像在玩遊戲，不同的關卡我們可以使用不同的道具，但我們的打法其實還是自己一直以來的打法。所以遊戲的玩家會喜歡看別人玩自己也在玩的遊戲，在模仿的過程中，我們因此決定了屬於自己的行動。

如果繼續用剛才「放棄」的例子，我們要如何模仿呢？

一開始，應該會覺得很困難吧？**教科書還有勵志書籍裡，因為堅持、忍耐而成功的故事俯拾皆是，卻很少人強調我們應該「放棄」**。

但是真的沒有嗎？

難道「戒菸」，不就是一種放棄的行動嗎？我們願意放棄「上癮」。

還有「寬恕」、「原諒」別人，不也是一種放棄嗎？我們也願意放棄「仇恨」。

另外，商店選擇在新冠疫情期間「停業」，學校「停課」，就是放棄啊！我們暫時向病毒認輸，就是一種對自己的保全、保護，難道是愚蠢的嗎？還是為了長遠的未來，其實是好的呢？真正會做生意的人，一定都懂得放棄。賠錢到了一定程度，就會放棄，而不是繼續忍耐、堅持下去。我們很容易相信，一旦深入投入某事，放棄便是不合理的，但是做生意的成本，讓生意人意識到該收就收，休養生息，隨時還可以捲土重來。只有不懂得生意經的人，才會到處融資、借錢，讓自己狼狽不堪，陷入無止境的深淵，最後連全身而退的機會都失去了，把命都賠上的也有。為了將來，我們願意放棄「眼前」。

找到足夠「放棄」的例子之後，就可以從模仿別人的方法開始，慢慢找到屬於自己的具體方法。就像我們在學唱一首歌的時候，也是從模仿開始，模仿到一定程度以後，表示我們對這個事物有掌握能力，這時候就可以透過各種嘗試，找到屬於自己的特色。

別忘了，聽起來一無是處的「放棄」，不但可以讓人聽見自己的聲音、表達自己的聲音，透過思考我們找到心目中好事的缺點，以及壞事的優點，用立體的視角去看待，就能擺脫洗腦，勇敢做自己，即使透過模仿學習如何好好「放棄」，也可以是很有個人特色的行動！

請找出一件讓你難以抉擇的事，按照三個步驟嘗試：

步驟一：分辨「誰」在說話

步驟二：列出具體的「好處與壞處」

步驟三：從模仿「別人」中找到「自己」

第 5 堂

如何變成一個果斷的人？

透過思考灰色地帶，了解事物的本質和傾向，
加強「判斷力」和「應變力」，
做出不後悔的選擇。
這讓我練習為自己的話語「負責」（Be responsible）。

永遠的「電車難題」

對！時常出現的電車難題又登場了！因為實在太重要了啊！

二〇二〇年起，新冠肺炎疫情讓全世界有將近兩年的時間，許多人選擇了取消一切行程，無論是出差工作還是度假旅行，待在原地，靜候疫情過去。

雖然我也減少實體的工作行程，儘量透過線上會議軟體完成，但並沒有完全停止必要的旅行。經過仔細的規劃以後，我只是從每年四趟環球工作行程，減為三趟，以便有足夠的時間，進行必要的居家隔離跟檢疫，也隨時關注疫情的發展。當我所在的國家，疫情有嚴重化的跡象時，便會提早離開，到下一個相對安全的地方。但除了做好保護措施，買足了保險，原則上還是時間到了該做什麼、就做什麼，我的心理也已經做了充足的準備，萬一不幸感染，我也要為自己的行動負起全責。

像我這樣想法的人，繼續旅行並不是受到慾望的控制，而是遵從理性。既然所有狀態的產生，已經被之前發生的狀態決定了，我只能遵循自己的「自由意志」。就像一個決定要不要對流動攤販開罰單的警察，雖然他執行的是自由意志，可以選擇開單，也可以選擇口頭警告不開單，但是他卻不承認個人自由，除非在他本人認為合理或有用的框架之內（比如那個流動攤販剛好是正妹），或者認為自己受制度限制（比如警察說：「我只是在執勤，不是針對你……」）。

表面上終止了一切行程的人，其實還分成兩種很不同的人，一種是屬於「功利主義者」。這種人同樣使用理性，為了整體的利益，或是為了表達自己的意圖，控制自己的行為，總之是以整體的效益為優先，整體利益最大化為考慮，犧牲個人自由和利益也沒有關係，所以台灣在這個氛圍下，成為世界上防疫成效最好的地方之一。

另一種終止一切行程的人，則是屬於「不願意承擔責任」的人。對應該要做的事賴皮，不想做，對於應該要負的責任，也不想承擔。所以疫情緊張的時候，是否待家裡，完全跟著政府規定，反正跟著政策走，萬一這樣還染上病毒，或是有境外帶入的疫情，就可以名正言順地批評政府，要求政府負責，或是責罵出國的人沒良心，總之千錯萬錯都是別人的錯。

如果一定要選一個，你認為自己是以下三類中的哪一種人？

A 既然所有狀態的產生，已經被之前發生的狀態決定了，我只能遵循自己的「自由意志」者。

B 我是效益優先的「功利主義」者。

C 我是個「不願意負責任」的人。

你認為自己是（A）自由意志的支持者、（B）功利主義的擁護者，還是（C）不願意負責任的人？為什麼？

「電車難題」狀況（一）：

有軌電車難題（Trolley problem），也稱為電車問題或列車問題，是英國哲學家菲利帕・福特在一九六七年中首次提出的倫理學思想實驗。這幾十年來，除了大學哲學系的學生，心理學、認知科學與神經倫理學的部分研究，也都會去討論這個問題。

狀況（一）是這樣的：

假設你駕駛一輛有軌電車，煞車器失靈，電車高速前進。軌道前方有五名修路工人，若電車撞過去他們必死無疑。這時，你發現有一條分支路軌。你可以選擇轉軌，但那條支路有一名修路工人，如此他必定會被撞死。假設你不認識該六名工人，你也不需要負任何法律責任，也不存在第三種可能性。

問題：你會不會轉軌？為什麼？

在狀況（一）下，你會轉軌嗎？為什麼？

你的選擇，是否符合最前面（A）自由意志的支持者、（B）功利主義的擁護者、（C）不願意負責的人的自我認知呢？

「電車難題」狀況（二）：

假設你站在天橋上，看見下面有一輛失控的電車快要撞向五名修路工人。這時，你看見橋上有一個大胖子，站在橋的邊緣向下望。你只要輕輕一推，那胖子便會掉到橋下死去，他的屍體可以阻擋電車前進。假設你不需要負上任何法律責任，也不存在第三種可能性。

問題：你會不會把他推下橋？為什麼？

在狀況（二）下，你會推胖子下橋嗎？為什麼？

你的選擇，是否仍然符合最前面（A）自由意志的支持者、（B）功利主義的擁護者、（C）不願意負責的人的自我認知呢？

根據我的經驗，大部分人在電車難題狀況（一）都會選擇轉軌。理由通常是因為犧牲一個人，總比犧牲五個人好。但是到了電車難題狀況（二），雖然明知犧牲一個胖子便可以救回五條人命，但大部分人都會猶豫。

選擇的行動一致，而且原因前後一致的人，在成年人中屬於少數。

這意味著，我們看到了自己思考上自相矛盾的地方。

但是，造成這種矛盾的理由是什麼呢？

如果我們的行為，無論以何種道德理論去說都說不通，那麼我們就知道這個不是理性思維可以觸及的領域。

電車難題之所以「難」，不是那種到了好不容易預約成功的米其林餐廳，不知道要選A套餐還是B套餐的那種兩難，而是儘管你在選擇上沒有遇上困難，內心依然會被一種莫名其妙的不安情緒困擾，這才是真正的「難」。

我們在電車難題這兩個狀況所體驗到的困境，就叫做「理性思考的邊界」。就像丹麥哲學家齊克果（Søren Kierkegaard）說的：「理性思維是有盡頭的。」在電車難題狀況（一），雖然理性已經快要 Hold 不住了，但終究還是在理性思考的這一邊。

狀況（一）犧牲一個人的生命換五個人的生命，這種屬於功利主義者的行為，理性思維勉強還可以觸及，所以算是「思考的末端」。但到了電車難題狀況（二），一般人做出選擇後那種內心的不安，是理性思維無法觸及的，已經脫離了「思考的盡頭」，進入了理性無法觸及的領域。如果這時候硬要用理性思維去探索這個領域，只會徒勞無功。

一般人對自己的信念不能貫徹始終，面對考驗時產生懷疑，從而產生恐懼與不安。

但是理性思考到了盡頭，另一邊是什麼？齊克果在一八四三年用筆名 Johannes de silentio 出版的哲學著作《恐懼與顫慄》（Frygt og Bæven）最後一句說得好：「信仰的開端正是思考的盡頭。」

在狀況（二）中，大多數人都從「理性」進入了「非理性」，齊克果給了這個「非理性」一個清楚的命名：「信仰」。

有一次在哲學思考課上，我問那些狀況（一）選擇轉軌，做出「理性」抉擇，到了狀況（二）卻決定推翻理性，而選擇了「非理性」的人，他們知不知道自己做出的選擇是基於什麼？我得到的答案如下：

・道德的

・偽善的

・利他主義的

・荒謬的

・喪失人性的

・坐享其成的

·人格分裂的

·瘋狂的……

我忍不住大笑起來，因為如果齊克果說得沒錯，那麼「**信仰**」就是：

·道德

·偽善

·利他主義

·荒謬

·喪失人性

·坐享其成

·人格分裂

·瘋狂……

反過來說，理性就是：

- 不道德的
- 真實的
- 利己主義的
- 合理的
- 符合人性的
- 需要付出的
- 人格一致的
- 清醒的……

所以在狀況（一）是功利主義者的人，到了狀況（二）卻搖身一變成為道德至上的人，其實只有一種可能：我們大多數的人都屬於（C），是「不願意負責任」的人。

但是我們真的能夠接受自己其實是「不負責任的人」這個真相嗎？

就像齊克果可能會說的：「你只是五分鐘前還不知道自己不負責任罷了。」

有趣的是，如果同樣的狀況（一）與狀況（二），讓孩子們來做選擇的話，大多數的孩子標準其實都是一致的，會選擇轉軌的，也會毫不猶豫地推胖子下橋。不會推胖子的，也不會轉軌。

但是大人不同。大人一下子講道德、一下子為了利益忘了道德。

一下子告誡孩子們要誠實，轉頭又做自己偽善的事。

一下子說要利他、為人著想，一下子又說人不為己、天誅地滅。

一下子合理，一下子荒謬。

一下子有人性，一下子沒人性。

一下子強調要付出才有收穫，一下子又要坐享其成。

一下子理智，一下子瘋狂。

如果你是大人的話，可以體會在孩子眼中，這些前後標準不一致的大人們，有多麼瘋狂了嗎？一下講「道理」，一下講「道德」，根本沒什麼標準可言！難道這是我們想要孩子們向大人學習的嗎？

你知道孩子對於電車難題的兩個狀況會怎麼說嗎？
請抱持著開放的好奇心，聽聽他們的觀點吧！

你有選擇困難症嗎？

我最近一次與布農族作家乜寇．索克魯曼，有一次有趣的公開對話。那一次對話，我們討論的是「朝聖之路」這個概念，當時我問身為玉山嚮導的他，是什麼讓一座山成為「聖山」？

每一個在高山生活的民族，都有一座聖山，無論是台灣的玉山，美國達科達州印地安部落蘇族及夏安族的黑山（Black Hills）、義大利皮埃蒙特和倫巴第的 Sacro Monte，還是尼泊爾的喜馬拉雅山。

但是「聖」的概念是什麼？**乜寇說「聖」或許從來就不是神明，而是對災難的文化記憶，而宗教裡所謂的「虔誠」其實就是提醒人們要「謹慎」**。

對於這個回答，我極為驚豔。當一座山之所以形成「聖山」，往往是為了要趨吉避凶，提醒外來者要謹慎、尊重自然，如果恣意妄為，災難必將發生。我身邊有很多山友，甚至有成功登頂珠峰的登山家，他們都是極為謹慎的人。前兩年我曾經讀過一篇專題報導，叫做「珠峰登頂者和那些曾『走到一半的人』」，裡面提到最多的，並不是那些攻頂成功的人，而是從到了五千兩百公尺的大本營開始，一路到了八千六百公尺的營地，即使攻頂數次卻無功而返的人。

年復一年，有越來越多人申請尼泊爾政府發放的登山許可證，想要登上喜馬拉雅山珠穆朗瑪峰珠峰，二〇一九年甚至創下一九五三年以來的最高紀錄，核發三百八十一份許可，我一個在美國教書的中國朋友李曉林也在其中。旅行社收取的費用，除了直接向尼泊爾政府支付的一萬多美元，其他準備工作、帳篷、淋浴等的設備，配置雪巴嚮導、確保緊急救援計畫的費用，還要好幾萬美金，甚至每個人超過十萬美金。但是無論你付了多少錢，幸運到達了最高的營地，最後攻頂仍然必須遵守「兩點鐘規則」，也就是說一定要在下午兩點前完成登頂，不然就必須回頭。雪崩和意外滑落，是造成在攻頂途中喪生的兩個最大原因，而且喪生者多半都是在八千公尺以上發生的。

想要攻頂攀登珠峰，卻走到一半的登山者，都已經有「攻頂」的偉大目標，但是中途因為各種各樣的原因和命運，最終沒能登頂。他們的遭遇有的慘烈、有的釋懷；有的因為體制的造化弄人、有的一生都與登山牽絆；有人失去生命，有人留下殘疾，但是他們都因為做了果斷的決定，而活了下來。

就像那篇報導中說的：他們的生活可能一輩子離不開珠峰。但是一談起這件事，他們的眼裡立刻放出了光芒，因為那是他們的青春。至於那些被雪山永久挽留的人，每個人都有一個衣冠塚。

果斷的人，就是不斷做出決定，理性，而且前後一致。

而果斷的決定，並不一定能夠讓人順利活下來。但是自己願意做出決定的人，無論結果為何，是生是死，都會願意為自己做的決定負責。

說穿了其實很簡單，就是不斷做決定，覺察一般人是非理性的，所以每次都做理性的選擇，並且選擇一致、心態一致，如此而已。

原來理性、真實、不道德是同一個陣營的，屬於「邏輯」的範疇；而道德、偽善、信仰都是同義詞，為了消除人心的惶惶不安而存在。

原來理性的盡頭才是道德的開始。

原來自己經常站在理性和道德的邊緣。

原來理性和道德是無法同時具備的。

理性的盡頭既然是道德，在理性與道德的天平上，沒有最優選，重要的是自我覺知，不講大道理，不隨便指責別人，**知行合一**。臉書創辦人祖克柏有一年的新年願望是：只吃自己親手殺死的動物。我突然理解了這樣做的意義。

「朝聖之路之所以神聖，是因為『在路上』，而不是到『終點』。終點並不是重點，過程才是唯一重要的。」我記得我當時是這麼跟乜寇說的，他也點頭同意。

只要一直做決定，我們就一直都在朝聖之路上前進著！

而我們，都會一直在路上。

因為謹慎所以無法做出決定，是理性的嗎？

只要你願意對自己的決定負起全責，選擇會困難嗎？

第 6 堂

「零落差」的表達

如何在說話的同時，聽到自己說了什麼？
這是哲學態度「活在當下」（availability）、
「可取得性」（accessibility）的練習。

什麼樣的人生值得追求？可以「零落差」說清楚嗎？

有些人以為自己的人生目標，是想要追求「健康」；有些人以為自己要的人生，是「趨吉避凶」的人生。但是這些應該都不是我們真正想追求的人生。

那麼，什麼樣的人生，才值得追求？

最近在一場叫做「為自己的人生提案」的哲學思考工作坊中，我就問了這個問題，請那些來參加的人說出他們心目中認為什麼樣的人生，才是值得追求的？

有人說是「自助助人」，有人要尋求快樂。有人希望人生是一場冒險，有人要的是健康……這些聽起來都很有道理，也是許多人追求的人生，但真的是這樣嗎？

首先，我請在場的人一起看著這些看起來很不錯的人生目標，找出生而為人、追求不到的。

第一個被挑出來的，是「健康」。

人生追求健康有什麼不切實際的呢？

「只要是人，根本沒有完全健康的啊！」有人說。

「亞健康」，夠不夠好？所謂的亞健康是一個相對來說比較新的醫學概念。一九七〇年代末期，醫學界依據疾病譜的改變，將過去單純的生物醫學模式，發展為「生物、心理、社會」綜合考量的醫學模式。當時世界衛生組織（ＷＨＯ）定義「健康」就是「不僅僅是沒有疾病和身體虛弱，而是身體、心理和社會適應的完滿狀態」，但這樣的人，幾乎不存在。而亞健康的人，占了社會大多數，既不是真正健康（第一狀態），也沒有患病（第二狀態），身體有種種不適，但真的上醫院檢查的話，其實也不會發現有什麼病變。這種在健康和患病之間的過渡狀態，世界衛生組織稱其為「第三狀態」，也就是亞健康狀態。

一個終身坐在輪椅上，無病無痛，帶著微笑在街頭靠販賣維生的街賣者，算不算是一個健康的人？一個人是否健康，究竟由自己的感受決定，還是由旁人決定？

我身邊有一個被醫生宣布癌細胞擴散到胃部的百分之七十，但是拒絕進醫院進行化療手術的好朋友，他說他想要有尊嚴地待在家裡，跟癌細胞共處，度過生命最後或長或短的時間。醫生跟身邊的親友不以為然地說：「你怎麼可以放棄？」他只是帶著微笑，堅定地回答：

「對很有可能會立刻殺死我、也必然奪走我生活自主能力的治療方法說不，就是放棄嗎？」

討論慢慢聚焦，我們看到了，與其盲目追求「健康」的人生，整天在養生、吃補品、勉強自己運動、嚴格控制飲食、逼迫吃難吃的健康食品，並不一定會帶來健康，但是每個人都可以面對自己處於亞健康的狀態。**真正值得追求的，其實是活在世界上的時候，擁有「生命自主」的權利**。

用同樣的方法，我們慢慢地梳理出更多的脈絡。

比如想要「自助助人」者，與其隨意地「助人」，不如先學習透過邏輯思考來幫助自己。畢竟就像我常常提醒身為父母的，「通往地獄的道路，往往是善意的石頭鋪成的」。我們所謂的助人，其實大多時候都是想要將我們自己認同的價值觀，強加在別人身上。

並不知道今天會不會下雨，卻隨意地用「我是為你好」的理由，強迫孩子在大晴天帶傘、帶外套出門，為什麼是助人呢？

街友向你要一百元儲值手機，讓他可以接到雇主的電話，能夠順利工作，你會不會幫這個忙？但如果他是要一百元買啤酒喝呢？誰說我們可以決定另外一個成年人，有沒有資格喝酒呢？我們會把自己偶爾想喝瓶冰涼的啤酒這件事，貼上不道德的標籤嗎？如果不會的話，為什麼我們卻認為街友這麼做是不值得幫助的？會不會是我們僵固的價值觀，逼迫別人不得不向我們說謊？

誠實和禮貌無法並存？

如果知道如何用邏輯思考，梳理清楚自己的雙重標準，就能夠幫助自己成為一個內外一致的人，而不會以為「貪婪」是壞事，「上進」是好事，卻不知道兩者的本質根本是一樣的，**不過是用「正面表述」或是「負面表述」的文字遊戲而已**。

我在緬甸進行賑災工作時，也遇到過堅持物資只能「供僧」的佛教團體，而不是給真正需要的災民，理由是佛經當中告訴他們，供僧的功德是九倍功德，也就是集點點數大放送的意思。這是助人，還是自助？這是善心，還是貪婪？

學會用邏輯想清楚了現實的困境，就可以幫助自己一一做出決定，究竟我們想要誠實，還是要有禮貌。因為有禮貌的本質就是「說謊」，誠實跟有禮貌是不可能同時並存的。自己想清楚之後，就不會一下子要求孩子要誠實，但是看到很胖很醜地位卻很高的人要有禮貌。邏輯一致，就是對自己、對別人最大的幫助。

如果會思考，就會發現與其追求「冒險」的人生，還不如追求「勇敢」。而真正的勇敢，就是會思考，並且對自己誠實。

用誠實思考的結果，連結誠實的行動，是勇敢的。

保持彈性的思考，不去捍衛自己的觀點、社會價值觀、宗教信念，是勇敢的。

即使思考後決定不行動，也是一種勇敢的行動。

會思考，就不會盲目地追求「快樂」，因為快樂並不存在，快樂只是一種「自我感覺良好」，說好聽一些就是「知足」，是兩段漫長的痛苦消失時、稍縱即逝的短暫狀態。快樂不可觸及，無可預期，稍縱即逝，想要永遠快樂的人，是全宇宙最貪心的人。任何不如意，都可能讓我們變得不快樂，所以還不如保持「自我覺察」的能力，能夠用中性的角度看到每一個當下、每一個概念背後並存的優點和缺點，並且用中性的態度來面對，像是知道貪婪也有很多好處，上進也有很多壞處。

如果我告訴你世間有一種東西，可以幫助我們成長，可以讓我們修正，可以教會我們珍惜，你想不想要？

那個好東西，叫做「禍」。

我們努力逃避的「禍」當然有很多好處，而我們刻意追求的「福」，其實也有很多意想不到的壞處。

與其執著於找到「天命」，不如找到生命中我們願意為它受苦的「熱情」。

你對於自己的人生，會如何提案？

你認為什麼樣的人生，才值得追求？

我們真的知道自己在說什麼嗎？
——袋鼠有幾條腿？

在「為自己的人生提案」這場工作坊上，大多數人都意識到了我們嘴上說的，常常跟心裡想的不一樣，而我們心裡想的，常常又跟我們要的不一樣。

比如說要健康的人，心裡想的其實是不要受病痛的折磨。但是如果一個病人不要受病痛折磨的話，其實死亡可能是最好的方法，但是我們又不想要死。

所以我們真的知道自己在說什麼嗎？

我們知道自己想要什麼嗎？

為了證明大多數人的想法、表達，跟自己的認知有很大的差距，我問你一個可笑的問題：袋鼠有幾條腿？

你一定覺得這問題很簡單吧？

可是我每次在思考工作坊問出這個問題，答案總是從二到五都有人回答，而且信誓旦旦。

認為答案是兩條腿的人，在他們的認知裡，用來跑步、走路、跳躍的叫腿，用於拿、抓、搶的是手，袋鼠有後肢可以做這些事情，前肢已經做不了這些了，所以用功能來定義的話，答案當然是兩條腿。

但是也有不少人認為答案是三條腿，兩後肢加尾巴。袋鼠的後肢用於跑跳踢等行動，兩前肢退化，不能跑跳，但是上網查會發現袋鼠尾巴在跑跳中，有推進和平衡的作用，在站立時有支撐作用，因此也算腿。這樣回答的人也是以功能來定義的，但答案卻不一樣。

當然也有人堅持袋鼠有四條腿。原因很簡單，生物學上定義動物都有四條腿，雖然前兩條腿退化，但是仍然叫腿。

也有人堅持袋鼠有五條腿的。前肢兩條，後肢兩條，加上尾巴一條，它們都是身體部位，並在特定姿勢形態時起到支持軀體和行走的作用，所以就功能來說五條都是腿。

但是討論越深入，我們就會發現自己有一個很大的盲點：「**我真的知道什麼是腿嗎？**」

有人記起了小時候那個謎語：「什麼動物生出來四條腿、長大了兩條腿、老了三條腿？」答案是「人」。所以像拐杖這種不屬於身體的部分，也可以算腿嗎？

當沒有上肢的口足畫家，用腳來替代手的功能拿筆作畫、拿筷子吃飯的時候，他有手嗎？

所以，雖然有腿但是腿因為癱瘓失去腿的功能，必須靠輪椅行動的人，到底有沒有腿？

我們在說「腿」這個概念的時候，到底是在說「功能」，還是「結構」？

腿部癱瘓靠輪椅行動的人，可不可以是一個健康的人？

如果可以的話，那麼腿既不是「功能」，也不只是生理學上的「構造」。

一個腿部癱瘓靠輪椅行動的人，很不幸嗎？但是你忘了他到哪裡都不用排隊，停車總有最好的位置為他保留，享有各種折扣優惠，手臂肌肉因為長期推輪椅異常發達，讓人羨慕，甚至還可以成為殘障奧林匹克的國家級運動員，戰爭時不會被徵召，而且不需要跟人討論關於身高的無聊話題，難道不是很幸運嗎？

荷蘭「計算語言學」研究者紀斯・馮・迪姆特（Kees van Deemter），曾經寫過一本有趣的書，叫做《將模糊理論說清楚》（Not Exactly : In Praise of Vagueness），在這本書中，透過大量文學、哲學、邏輯學、語言學作為引述和論證，向人們展示只要使用「語言」，「模糊」就不可避免，當然模糊有它的用處，模糊的描述，也有一種美。

但是在必要的時候，我們是否能夠把我們的想法，都能說得清晰準確？這種時候，就需要大量、刻意的練習才能做到。

你認為袋鼠有幾條腿？

你的對話中是否找到對的「場景」？

思考袋鼠究竟有幾條腿，就可以是一個非常好的練習，因為我們必須要釐清，**到底我們說的是「功能」「結構」，還是「場景」**？

腿的「功能」跟腿的生物「結構」都很好理解。但是「場景」是什麼？

這裡所謂的「場景」不是指澳洲的大草原，或是動物園的柵欄，而是類似於在寫電腦程式的時候，「正常」和「非正常」兩種狀態的描述，是一種有限的狀態定義。

比如冰箱在停電的時候，還是冰箱嗎？

在電器行裡面裝在箱子裡的全新冰箱，並沒有插上插頭，也沒有發揮冰箱的功能時，是冰箱嗎？

如果我們可以找到一台冰箱，在不需要插電的時候也可以是冰箱的場景，那麼我們或許就可以想出，一個腿部癱瘓靠輪椅行動的人，在什麼特定的「場景」下，可以是「正常人」，是一個「健康的人」。

我協助過一個醫療組織，他們服務的對象都是脊髓損傷、坐在輪椅上，甚至需要有二十四小時全天看護的傷友。但是這個組織成立的宗旨，並不是消極地募更多的款項，讓傷友有足夠的經費，得到一輩子無憂無慮的照護，而是透過生活重建、職業訓練或是就業輔導，讓脊髓受傷的傷友，能夠「回歸社會」。

「回歸社會是什麼意思呢？」我問眼前幾十個人，每一個人都生活在不同程度的痛苦當中。

出乎意料的，這些受苦的人，很快地就達成一般人難以達成的共識：

「回歸社會的意思，就是每個人都能回歸到受傷之前的社會角色，意思就是在透過幫助以後，當媽媽的可以繼續當媽媽，學生可以繼續念書，上班族可以繼續工作，簡單來說，就是『回歸社會角色』。」

他們說的，就是創造一個「場景」。在這個場景下，即使脊髓損傷，頸部以下不能動彈的人，也可以是一個健康的正常人，完成他想要扮演的社會角色。

建立一個零落差的「場景」

我身邊，有一個身為重度聽障者的年輕朋友曜瑋，他的碩士論文方向，是探索什麼叫做對聽障者友善的「職務再設計」。如果你沒有聽過這個名詞，「職務再設計」（job Accommodation）指的是，為了讓身心障礙工作者能夠適才適用，因此重新規劃工作流程、重新設計工作環境、提供科技輔具等，讓身心障礙者能夠發揮本身潛能與潛質。除了身心障礙者，職務再設計也可以是幫助中高齡勞工，改善中高齡者工作上的不便，提供更合適的工作方式。

在寫論文的過程中，曜瑋也會偶爾跟我分享他的觀察。有一次深夜他突然傳來這樣的感慨：

「如果是人生的話，我覺得對聽損者而言處處都是戰場，身陷這些戰場總讓我覺得很無奈，也覺得身為聽損者活在這個社會很困難，因為社會對聽損者超不友善的。……即使有些人是聽損者的家屬或相處很久的朋友，還是沒有辦法覺察聽損者的困難是什麼。我常常會跟他們解釋聽損者就算戴輔具也不能像一般人一樣正常地聽和溝通，所以會搭配讀唇的方式，但就算是這樣也不一定很順利地理解別人在說什麼，解釋這些後可能下一次他們就忘了，繼續用一些對聽損者不利的方式和我互動，像是打一般電話給聽損者，或是在沒有辦法讀唇的狀況和聽損者講話。

我從以前也常看到親戚們對一個聾人（我爸）用口語說話，然後死都不想用筆談，但口語其實沒有效果。所以我媽和我爸在出席活動時常常被晾在一旁，以至於他們覺得很無聊而不想參加，可是不參加的話又會被唸『為什麼不來？』，或是『我不懂為什麼你爸都不來參加，他是不是自卑？』之類的話。

在做論文的過程也常常聽到別人說這論文題目很有意義，但我卻覺得那又怎樣？連相處已久的親屬和朋友，都不願做出配合聽損者的行動，我還真的不敢想像要怎麼說服同事協助？諸多西方國家的文獻也指出這些類似『職務再設計』的幫助，大部分都沒有辦法處理聽損者的職場問題……」

但是什麼叫做「處理聽損者的職場問題」？我反覆思索著。需要處理的是「功能」？是「結構」？還是「場景」？

就像脊髓組織對傷友的服務，並不能夠「解決」脊髓損傷的問題，因為脊髓的功能跟結構，一旦受傷後就不可能復原。但是場景，卻是可以改變的。

進入職場，對於成年聽障者當然是很有意義的。但是最大的意義，並不是解決聽損者的聽力問題，也不是解決他們的財務問題，而是幫助聽損者回歸他們對自己期許的社會角色，無論是工作角色、家庭角色，還是社會角色。

如果政府只是丟出一個補助，缺乏職務上的設計，讓聽障者去做一般人的工作，卻無法做好，那麼只是把聽損者的職場問題，交給他們自己和同事、雇主溝通，無法創造出一個讓聽障者可以成為「健康」的「正常人」的「場景」。

學習為「對話零落差」設計場景

在人權議題上較為先進的美國，法律上有強制規定雇主在符合條件的情況，必須提供類似「職務再設計」的幫助，否則將會被法院起訴有歧視之嫌疑。而台灣就沒有法律的強制規定，即便承辦人員和雇主溝通，請雇主配合，但如果他們不想要也沒有辦法。心態上能理解並且願意配合身心障礙者的行動，我認為這不是法律方面能解決的問題，而是一個社會具備足夠高的「公民素養」時，才能創造出來的「場景」，讓脊髓損傷的傷友、聽障者，或是其他各種障別的人，都能夠在職場這個經過特別設計的「場景」，當一個健康人、正常人。

曜瑋也說，訪談到目前為止，確實沒有碰到不願配合的雇主，其實大多數雇主跟我們一樣，只是不知道該怎麼想「袋鼠有幾條腿？」這個問題的普通人罷了。

如果仔細設計「場景」，說不定每一個靠輪椅行動的癱瘓者，每一個聽障者，每一個中高齡的無家者，在特定的場景下，都可以是「正常人」「健康的人」。

我希望自己就是一個可以透過語言的環境，創造出一個這種「場景」的人，讓與我對話的人，都會覺得自己是一個健康的正常人。要怎麼說話，才能達到這種效果呢？那就是「對話再設計」的任務了！

你要如何重新設計你和別人的對話，讓每個跟你對話的人，會想要將「對話者」的角色扮演到最好？

對話再設計的七個技巧

我們要如何挑戰沉重的對話？以下是我時常使用七個「表達零落差」的提問：

1. 要求說明（to explain）：可不可以請你說明一下，你說的×××，是什麼意思？

2. 分析：可以告訴我三個原因嗎？

3. 舉出例證：可以舉出三個例子嗎？

4. 綜合（synthesis）：

- 可以告訴我你這個說法，可能會被反對的三個原因嗎？
- 現在有了三個支持的原因，跟三個反對的原因，你會做出什麼結論？
- 你喜歡你自己的這個結論嗎？
- 為什麼？

5. 確定預設：所以我理解你的意思是這樣的（十五個字概括），對嗎？

6. 解讀：

‧ 如果現在跟一個路人說（十五個字概括），你知道他會怎麼想嗎？

‧ 如果現在跟一個外國人說（十五個字概括），你知道他會怎麼想嗎？

‧ 如果跟你的媽媽說（十五個字概括），你知道她會怎麼說嗎？

基本原則是，能夠看到從三種不同年齡、社會階層、文化背景……對同一件事情不同的解讀角度。

7. 辯論：你現在知道不同的人，從不同的角度，會有不同的原因反對你這個說法，那你打算怎麼回應他？

這七個技巧，不需要所有技巧都同時用到，使用的順序也可以按照需要靈活調整，但最重要的是透過這些技巧，創造出一個友善、信任的「場景」，讓與我們對話的人，在這個經過設計的語言環境下，都會覺得自己是一個健康、正常、聰明，而且值得被傾聽的人，並且會感受到自己言語的力量，因而謹慎地使用話語，做出最大的努力，將自己作為「對話者」的角色扮演好。

如果能夠做到，那麼「對話再設計」就成功了！

表達零落差對話再設計

1. 要求說明
2. 分析
3. 舉出例證
4. 綜合
5. 確定預設
6. 解讀
7. 辯論

第 7 堂

學會發問，好的問題

從兩千五百年前蘇格拉底的催生辯證法，
到今日的哲學諮商用問題來回答問題，
祕訣只有一個：學會問「優質提問」。
讓我們練習「提問的藝術」（art of questioning）。

請允許我跟你的痛苦連在一起

在日常生活中，當身邊的人遇到不幸、不如意的事情時，我們常常不知道該說什麼才好，往往自己覺得誠意十足的話，出口以後才發現不恰當。

比如我們時常會說：「一切都是上天最好的安排……」但是你為什麼說人家的家人死掉是最好的安排？

「哎呀！過一陣習慣就好了……」說起來容易，但是你要不要自己去一輩子坐輪椅試試看？

「要正向一點，往好處想……」這句話也讓人很惱火，明明你自己上禮拜遇到事情一直鑽死胡同，別人都勸不聽，現在卻要人家往好處想？

「這個都是老天爺的意思……」你最好知道老天爺是什麼意思！難道你是老天爺嗎？

「我知道你的感受。」才怪！你根本不知道當事人的感受。

「這可能會因禍得福。」如果你這樣想，憑什麼笑人家說玉鐲子摔裂擋災是迷信？

「事情會越來越好的！」你難道不知道大多數的無家者、街友，都沒做什麼壞事，只是倒楣的事一個接著一個，最後像滾雪球一樣，帶來幾乎不可逆的後果，在壞運氣中的人，真的應該相信我們隨意說的安慰言語嗎？

儘管這些陳述**在表面上聽起來不錯，但很少能真的幫助他人**，這些話是為了帶來慰藉，但是幾乎無法讓我們感覺更好。這些話別人在類似情況下對我們說的時候，我們自己都不相信，但是在面對別人時，卻如此隨意地脫口而出，或許我們已經習慣於當有人痛苦時，這些陳腔濫調是唯一的說法。

我們都喜歡把自己想像成有同情心的人。但是，如果我們必須透過假裝才能同理別人的話，我的建議是：與其假裝自己懂對方的感受，不如承認自己不知道。

我們要如何知道怎麼說才能減少他人正在承受的痛苦？

「立竿見影」的說話方式

在與人對話中，我們往往會開始對一個問題或提議，做出唐突或廣泛的說明。但很快地，我們就會清楚知道，我們已經脫離了原始對話的意圖。

這往往是因為我們忘記自己的概念或情緒，是從哪裡來的。

我們不知道如何將自己的心固定在一個主題上。解決的方法，是在自己的心裡立一根杆子，說話的時候像一面旗子那樣緊緊貼著杆子，把待處理的特定問題，如同一個定住的北極星那樣，透過注視，跟記憶與專注連結，但是跟之後心中所出現的其他想法能夠獨立區分開來。

這有點像是爵士音樂的即興表演，能夠在沒有人指揮的情況下，思考自己，另一方面，又能夠聽到外面正在發生的事。目的是為了同時思考原始點與之後、內部與外部、被提供的、進展的、中心的、周邊的概念，並且說明這些概念。**語言就像這面旗杆上的旗子，可以隨風飄揚，卻不會漂流迷失。**

以提問來說，有些人的提問很隨意，不經大腦；有些人則總是想把對方考倒，或是提出讓人難堪的問題，以為只要是能讓別人痛苦的問題，就是好問題。

對於沒有受過提問訓練的人，我總是會舉日本企管顧問粟津恭一郎在《學會提問》這本書提出的簡單分類方法作為入門。把提問簡單分為四個象限，縱坐標軸是「樂意回答」跟「不願回答」，橫坐標軸是「有發現」跟「無發現」，就形成了四個問題質量類型：

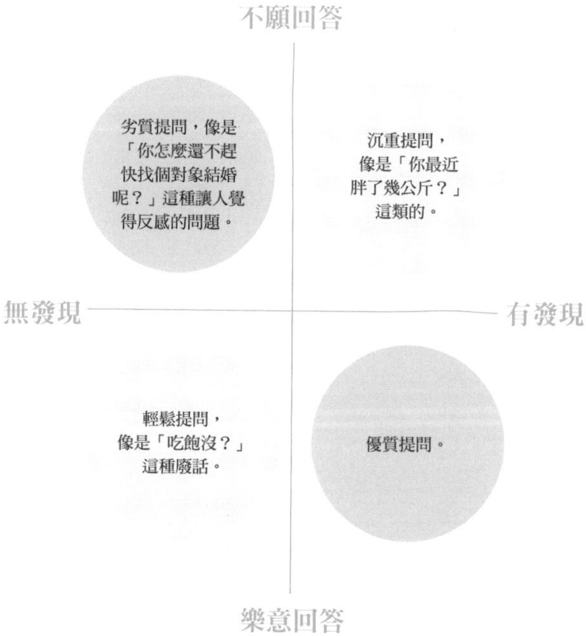

同理心提問的六大類型

在哲學諮商當中，我們可以把蘇格拉底的提問技巧，簡單地用「提出問題」的方法來試圖理解對方的感受。提出問題，傾聽回答，真誠地想要知道對方所經歷的痛苦，這就是真實的同理心，允許將自己與對方的痛苦聯繫在一起。

至於如何通過提問技巧表現出同理心？我們可以按照需求分成以下六個類型：

1. 如果要確認對方的痛苦

也許我們能做的最好的事情，就是承認、並且接納對方的感受。當別人痛苦或掙扎時，最不需要的就是你無知的命令：「你不可以這麼想！」承認對方的痛苦，讓我們透過感受對方的痛苦，跟對方聯繫在一起時，可以幫助對方感覺受到支持——因為有人了解（或試圖了解）我的感受。

痛苦中的人們，很多時候只是想要讓自己的聲音被別人聽到，確認他們正在經歷的困難。

以下是一些提問的範例：

「你這段時間經歷了什麼？」

「感覺是不是糟透了？」

「你是不是很生氣這個時候發生這件事？」

「我想像起來就覺得這事好難，你覺得很難嗎？」

「你面對的這個挑戰是不是很大啊？」

「你原本知道會這麼痛苦嗎？」

2. 如果想分享對方的感受

最常見的錯誤，是我們想「告訴」遇到痛苦的人，我們的感受。痛苦中的人真的不關心、也不需要知道你的感受。有時候，可以簡單地承認自己不知道該說些什麼，或者很難想像自己必須經歷對方正在經歷的事情。

無論我們做什麼，要確保對方知道他的經歷，對於別人可能是有價值的。以下是一些有幫助的提問：

「你能告訴我你的感受嗎？」

「我無法想像你必須經歷的事。你願意告訴我一些你認為我能理解的東西嗎？」

「我希望我可以做點什麼。有什麼我可以做的嗎？」

「我光想像都覺得心痛。你覺得心痛嗎？」

「我真的很傷心聽到這件事。你是不是很傷心？」

3. 如果要感謝對方敞開心胸

許多受傷的人不願意敞開心胸對人訴說，因為他們以前這麼做的時候，換得的是更多的痛苦，跟許多自以為是的高見。我們應該也會因擔心自己不會收到同情的回應，而不想分享自己的掙扎。所以當對方選擇向我們傾訴時，表示對方真的信任我們，這時候我們應該覺得光榮，謝謝對方的信任，而謹慎回應，則是我們的責任。

讓對方知道我們感謝他的分享，並告訴他我們知道這樣做有多難。當我們這樣做時，對方就能確認我們是洶湧的海上那座安全的避風港。

有幾個問句應該會有幫助，像是：

「感謝你與我分享。你能多說一點嗎？」

「還好你願意跟我說。你能告訴我更多嗎？」

「感謝你信任我，這真的很重要。你能說更多嗎？」

「這一定很難開口。感謝你向我打開心房。你要不要多說一點呢？」

4. 如果想表現出興趣

經歷困難是一場非常孤獨的旅程。這也是為什麼經歷痛苦的人更應該要彼此分享，我們的內在都渴望跟別人建立聯繫，我們也都希望別人對我們的故事感興趣，並理解我們的感受。

與對方產生連結的最好方式不是通過交談，而是通過傾聽。提出開放式的問題，對他們所說的內容表現出真正的興趣，這樣就夠了。千萬不要自作聰明地在對方沒有提出請求的情況下，擅自提供意見或建議。

有效的提問句是這樣的：

「你對發生的這一切有什麼感覺？」

「你最近是怎麼撐過來的？」

「我想確定我了解你的意思，你說……」

「我聽到的是你感到——。是對的嗎？」

「還有什麼是你願意對我說的嗎？」

5. 如果想鼓勵對方

我相信，當我們看到一個我們在乎的朋友或所愛的人，正在經歷艱難的時刻時，大多數人真的想鼓勵對方。問題在於，我們經常試圖幫對方「解決」問題或強迫他人朝好的方向想來表明這一點。雖然我們的意圖是良善的，但是這種方法很少對痛苦中的人有用。

這並不意味著痛苦中的人就無法被鼓勵，只是要用對方法。提醒對方他是被愛著的、值得被愛的、被欣賞的，而不是說「一切都會變好」這種不負責任的話，或「換成我是你就會如何如何……」這種廢話。

這裡有些例子可以參考：

「我可以告訴你，你很勇敢／堅強／有才華嗎？」

「我可以告訴你，你很重要嗎？」

「我可以告訴你，你在我心目中是一個勇敢的鬥士嗎？」

「我可以告訴你，我的感受跟你在同一邊嗎？」

「我可以告訴你我很愛你嗎？」

「如果我告訴你我真的為你感到驕傲，你會尷尬嗎？」

6. 如果想表示支持

當談到同情時，行動往往勝於雄辯。我們可以通過擁抱、送花、寫手寫筆記、割草或洗衣服來表示自己的關心。當我們做這些行動時，可以幫助其他人感到被愛和被支持。

但是，如果想說些什麼，也可以通過以下幾種方式表達關心：

「我想為你做點什麼。我們什麼時候再見？」

「我怎麼幫你？」

「你現在需要什麼？」

「我很樂意隨時傾聽。我們什麼時候可以再約？」

「我想為你做＿＿＿＿。你什麼時候方便？」

以上六個類型的問句，產生的力量，就像我們在哲學諮商當中遵行的蘇格拉底公約說的：當一個盡責的陌生人。

當別人痛苦的時候，當好一個陌生人的角色，不是試著假裝自己什麼都知道，而是像蘇格拉底說的名句：「我唯一知道的，是我一無所知。」（I know nothing except the fact of my ignorance.）我願意暫時放棄我自以為的誠懇，以便與自己保持距離，並變得貼近真實。我不會堅持我的見解，也不會將自己的感受當作論點來說。我願意接受各種批評，認識自己的局限性和缺陷。

真正的強大，不是沒有痛苦，而是允許自己跟別人的痛苦連在一起。

你對別人的提問，通常都是增加對方的痛苦，
還是允許自己跟別人的痛苦連在一起？可以舉出實例嗎？

第 8 堂

看懂我和世界的關係

人際關係，其實是一面鏡子，不只看到別人，更讓我們看到自己。讓我們在生活對話裡看懂「我是誰？」的哲學大哉問。

一場優質對話可以觸動靈魂

每一次跟人對話，都是對方的靈魂窗口，向我們打開的短暫時刻。

其實，對方並不是有意要把靈魂展露出來的，而是當我們在與人對話的時候，無論多麼高明的說話術，也無法改寫維持我們運作的操作系統，所以我很享受這個可以窺探對方靈魂的片刻。

有些人的靈魂美麗，有些人充滿了傷痕，有些靈魂是由一小片一小片的畏懼織成的天羅地網，有些靈魂則是平靜愉悅的小溪流。

別誤會，我說的對話並不需要是沉重、嚴肅的主題，而是**不管這個對話的主題多麼微不足道，也都會顯現出整個靈魂的樣貌**。

比如我會刻意請來到思考對話工作坊的學員做這個練習：「我是否注意到當我壓力特別大的時候，會特別想吃什麼？」

然後每個人可以從自己的回答裡，學著去看清現在的自己和過去的自己、自己和他人、自己和外在環境的關係。

如果這個練習完成了，則可以從別人的回答裡，清晰地看到對方和自己、和外界、和他人的關係。

比如A說，她在壓力大的時候會吃甜食。

「什麼樣的甜食？」我問。

「好像沒什麼特別的，就超市裡面賣的，零食區裡隨便的甜食。」

「妳記得是從什麼時候開始這樣做的嗎？」

A突然面部表情僵住了，好像想起了什麼很久沒有想起的事情。

「應該是從上大學起，開始會從超市買回宿舍吃。」

「跟人一起吃嗎？還是自己一個人吃？」

「找個沒有任何人的角落，一個人默默地吃。」

在這個問題中，A必須從自己的回答裡，學習看到兩件重要的事：

（1）Withness（「和誰在一起？」）：為什麼自己一個人吃？

（2）Aboutness（「為什麼？」）：甜食為什麼會為自己帶來心理安慰？為什麼特地帶回宿舍吃，而不是在外面吃？

從這兩個答案當中，A必須繼續挖掘，試著去看到自己的生命本質。一旦看清自己的本質，多半就能找到生命的開關，知道下次在面對壓力時，可以為自己的生命做些什麼，而不是終其一生無助地在廉價的超市甜食中，翻尋廉價的慰藉。

我和世界的關係

A說她從來沒有想過這個習慣是如何開始的，但是現在回想起來，大學時第一次離家、離開父母，所有問題必須自己解決，不會尋求別人的幫助。

「遇到困難的時候，身邊沒有人能幫助自己，不知道該找誰，就會自己吃，自己想辦法解決。」A說：「上學的時候不知道怎麼去找同學和老師釋放壓力，而且那時候自我封閉好像有點嚴重。雖然看起來很活躍，校園各個角落都有我，現在回想起來，原來當時內心是封閉的。工作後也嘗試和朋友分享壓力，但是吐完槽感覺壓力還是在的，問題沒解決，就還是自己承擔。

「其實內心是特別希望有人能分享和幫助我的，即使是從書裡面都可以，但是發現沒有人能分享的時候，會有種失望感和悲傷感，內心是孤獨的。

所以寧願什麼都不說，也不想嘮叨一頓廢話，時間消耗了，問題還存在，是我特別不喜歡的狀態。所以寧願自己孤獨著，也不想交不知心的朋友，所以我從來沒有過真正的閨密，一起吃吃喝喝我認為不是閨密，一般也不會吃吃喝喝，除非有事情要約，或者為了延續友情。」

「為什麼要帶回宿舍吃？」我問。

「外面太開放，需要隱私。」

「在外面吃個超市買的甜食，是破壞隱私的事嗎？還是妳認為世界是一個充滿危險的地方？」我追問。「妳看到妳的生命本質了嗎？」

於是A看到了三個關於自己的本質：

①內心孤獨，封閉。家族傳統，有事不說，有事自己扛。其實不是沒有人解決，而是自己的本質。

②看起來很獨立，實際上還是有很脆弱的一面，依賴感很強，難道是因為太缺少來自家庭的支持了，所以就特別想要嗎？還是自己的期望與實際能力不符合，所以出現了這種矛盾呢？總之，甜食就成了唯一安全的、可以依賴的對象。

③自我要求很嚴格，甚至有點苛刻，當自己做不到的時候，內心會有很深的愧疚感，遺憾在心裡就是一道道難以撫平的傷疤，常常希望生命可以重來。工作上也是這樣，自

己做不到的不會說，說了就一定會做到，所以特別忍受不了說了卻不做的那種人。

只有在意識到為什麼壓力大的時候，會到超市裡買甜食的習慣成因，才有辦法開始認識自己和過去的自己、自己和他人、自己和外在環境的關係。在深刻認識自己的操作系統後，才可能重新選擇：無論是如何面對壓力，或是如何看待他人和世界的方式。

當我們靈魂的窗口對自己打開的時候，或是我們看到別人靈魂的窗口對我們打開的時候，就是對話的最佳時候。

壓力特別大的時候，你會特別想吃什麼？

請按照A的例子，試著回答三個問題：

（1）Withness（「和誰在一起？」）

（2）Aboutness（「為什麼？」）

（3）自我的生命本質

這三個問題的答案分別是什麼？你是否也能找到生命的開關，知道在面對壓力時，為自己的生命做些什麼？

死囚牢房的最後一餐

傑伊・雷納（Jay Rayner）是《倫敦觀察家》（The London Observer ）的餐廳評論家，也是《傑伊・雷納的最後晚餐：一頓飯，畢生難忘》（Jay Rayners's Last Supper）這本書的作者。

傑伊發現美國人對於死囚最後一餐吃什麼特別著迷。比如密蘇里州的監獄在處決羅素・巴克勞（Russell Bucklew）之後，向一小批記者提供了這個凶殺案、強姦犯男子，他最後一餐要求的菜單，包括一個希臘三明治（gyro）、一個燻牛肉三明治、兩份薯條、一份可樂和一份香蕉船冰淇淋，似乎這件事情比他犯下的刑案更值得關注。

實際上，不少社會學家也為此著迷。伊利諾伊州南部大學的克里斯托夫・科林斯（Christopher C. Collins），他的博士論文的標題就是〈最後的飯菜：死刑的劇場〉，他把死刑犯的最後一餐，定義為美國政府批准的「死亡戲劇性儀式」的一部分。明尼蘇達大學的丹尼爾・拉千斯（Daniel LaChance）也在他的論文〈最後一句話，最後一餐和最後立場：現代行刑過程中的代表性和個人性〉裡面，把死囚犯描繪成「具有自主性的演員」。二〇一八年辭去了康奈爾大學教授職位的學者布萊恩・溫辛克（Brian Wansink）更驚人，他在《食慾》（Appetite）雜誌發表了一篇論文，分析了二〇〇二年至二〇〇六年美國各地死刑犯向獄方注文的兩百四十七頓「最後一餐」，發現死刑犯要求的都是高卡路里食物，平均熱量為兩千七百五十六卡路里（有四個案例甚至超過七千卡路里），百分之七十的囚犯要求油炸食物，百分之十六的人指名要求喝可口可樂，三名囚犯要求健怡可口可樂。比如說有個叫做格拉索的死刑犯，選擇了兩份清蒸扇貝、一個雙層起士漢堡，六塊烤羊排，一份義大利麵和半個南瓜派，還有一份草莓冰淇淋和兩杯奶昔，而且他真的全部都吃完了，吃飽之後，還給出了差評，因為義大利麵的種類跟他點的不一樣，不得不承認格拉索還滿有原則的（嗎？）。另一個在德州的受刑人布萊恩・普賴斯（Brian D. Price），因為在監獄廚房工作，時常準備「最後一餐」，他將這些最後一餐的食譜，寫成一本書，叫做《死而無憾的料理》（Meals to Die For）。

知道得越多，引發我越多的好奇：那麼全世界其他國家死刑犯最後一餐都吃什麼？

中國歷史上有個記載，死刑犯臨死前的一餐一定會有一塊生肉。原因是人死了之後會投胎，要投胎的話就必須要過獨木橋，獨木橋上有一隻很凶的狗，所以要用生肉把這條狗的嘴巴塞住，狗就不會刁難要過橋的死者，死者因此可以順利地走過獨木橋，喝下孟婆湯，開啟自己的重生。

但是在現代中國，我看到一個例子，是一個叫做楊朝的死刑犯，他因為入室搶劫並且導致別人死亡，被判處了死刑。在自己臨死之前，他的最後一餐是自己家人親自做的三菜一湯，有小炒牛肉、粉蒸五花肉和清炒小白菜，還有一份番茄雞蛋湯。

在日本，死刑犯最後一頓通常都會吃豬排。

然而在俄國，死刑犯最後一餐只能吃麵包跟一杯白開水。

美國加州大學洛杉磯分校（UCLA）名譽教授邁克爾・歐文・瓊斯（Michael Owen Jones）在二〇一四年發表的論文〈在死囚牢房用餐：最後一餐和禮節拐杖〉後，記者問他為什麼人們會對於死刑犯的最後一餐感興趣？他回答兩點，一個是我們想要思考自己的最後一餐以及它的組成，另一個是我們想知道是否可以從死者要求的最後一餐推斷出性格？

這兩個原因，我認為都是非常充足而合理的。如果你是一個隔天就要死去的人了，可以任意選擇最後一餐，最後一餐會吃什麼？你知道這裡面的細節，又代表著什麼嗎？

首先，請每個人從自己的答案裡面，去看到「Withness」，也就是「和誰在一起」。你的最後一餐，跟哪些特定的人有關？你知道為什麼嗎？如果想像中的場景是自己一個人，我知道為什麼嗎？這裡看到的，就是你跟自己的關係。

然後，我會請每個人再從自己的答案裡面，去看到「Aboutness」，也就是「是什麼」。為什麼一定要有酒？為什麼是日本料理？為什麼是熱食？跟這些特定食物的關係，是在什麼時候、如何建立起來的？而這個關係，就是自己跟世界的關係。

最後，是不是能夠從自己的答案裡面，用一個簡單的詞來概括？

如果找到了這個詞，很有可能你就找到自己生命中的「核心概念」，也就看到了自己的本質。

比如寫最後一餐回答「甜食」的U，原因是「因為喜歡吃，但平時會克制吃」。U自己試著解讀後看到了關於自己的兩件事：

第一：這裡出現的只有自己，說明最重視的是自己。而「喜歡又克制」的特點，說明了自己的壓抑，壓抑了本來的自我，在別人面前或世界面前展示的不是真正的自我，是經過包裝而營造的，也就沒有與世界建立起很本真的關係。所以本質上，是個彆扭而不真實的人，不能真實地去表達自己。

第二：連自己都沒有出現，說明重視的不是人而是物。「喜歡又克制」的特點，說明知道什麼對自己來說是重要的，願意為了達到一定的目標放棄眼前的慾望。所以，本質上是個充滿「慾望」的人。

如果能發現自己無法表達真實的自己，甚至面對慾望的時候，也無法對自己真誠，看懂了和自己內在世界的關係，以及和外在世界的關係，U很可能就已經幸運地透過這個思考的練習，找到了生命的開關，知道在這最後一餐到來之前，想要為自己的生命做些什麼。

S則說他想包餃子、吃餃子，與家人共度最後的夜晚，把這一刻的團聚，記在心間。原因是：「我覺得餃子最能夠代表團圓，在我們老家，湯圓代表團圓，可我不太愛甜食當晚餐，覺得還是餃子充滿了愛的味道。

「浮出腦海的是過去的時光，當我還是孩童時，爸爸媽媽爺爺奶奶圍坐在一起包餃子、吃餃子。可能我特別在意與娘家親人之間的關係，我與世界的關係是以家庭為中心的。」

同樣的，S清楚地將「包餃子」和「吃餃子」分開，也提供了重要的線索。W說：「想喝點兒酒，有微醺的狀態，菜要有海鮮，紅肉，蔬菜，還有一鍋好湯，不吃飯。」我特別注意到的是「好湯」，在釐清好湯是「清湯」還是「濁湯」時，W回答是「由柴魚片、昆布熬煮出來的第一次高湯」之後，我們也看到了W對於和世界關係清澈的期待。

就像蘇格拉底深信的，**所有的智慧跟答案，都已經在我們內在具足**，唯一需要的，只是透過對話、思考的方法，設法去點燃我們內在那神聖的火花，這就是所謂的「良能」（synteresis）。我們要探究的是壓力大的時候想吃什麼，或死前的最後一餐想吃什麼，這些都屬於跟自己或別人在對話時，每個人都容易回答、樂於回答、回答後也都會很有發現的「優質提問」，可以看到靈魂的深處，因為我們內在的神聖火花，已經被對話所點燃。

你從自己「最後一餐」的回答裡，看到的

（1）Withness（「和誰在一起？」）

（2）Aboutness（「是什麼？」）

（3）自我的生命本質分別是什麼？

你是否也能找到生命的開關，知道在這最後一餐到來之前，為自己的生命做些什麼？

第 9 堂

看見自己的對話力

結合「傾聽、表達、溝通、說服、妥協、提問、反對」七種能力，讓我們從原本無意識、低功能的「說話者」，成為一個有意識、高功能的「對話者」（interlocutor）。

每一次對話，都是一次的思考

英雄不重要，公民對話才重要

二〇二一年二月初緬甸軍方不滿二〇二〇年底全國民主聯盟（NLD）大勝的選舉結果，決定發起軍事政變，推翻民選政府，由國防軍總司令敏昂萊（Min Aung Hlaing）接管政權，由軍方出身的副總統敏瑞（Myint Swe）代理總統，隨後宣布進入緊急狀態，拘禁許多緬甸政府首長和領導人。緬甸總統溫敏（Win Myint）遭指控的原因很扯：沒有遵守防疫規定，違反國家災難管理法。翁山蘇姬被拘禁軟禁的理由更誇張：家裡被搜出手提無線對講機，罪名是違反進出口法。瞬時間我從緬甸的在地NGO同事與公民團體夥伴那裡，收到各式各樣的訊息，從要對外媒轉發新聞稿，到協助安排到泰國申請政治難民庇護的運動人士都有。但是我在這件事上，最關注的是一個細節，那就是緬甸「公民不服從」（Civil disobedience）運動的興起，跟我二十年前剛進入緬甸與公民團體工作時，普羅大眾的鴉雀無聲，有著巨大的差別。

政變發生以後，緬甸民間不滿情緒逐漸升高，尤其是在教育程度最高的仰光、曼德勒兩大主要城市，比如緬甸最大維權團體之一「仰光青年連線」（The Yangon Youth Network）就在推特帳戶表示：「宣布並敦促立即以公民不服從運動回應。」推文並指出，到二月三日為止，這個「緬甸公民不服從運動」（Myanmar Civil Disobedience Movement）在臉書聲明，全緬甸已經有三十座城鎮七十家醫院與醫療部門員工已罷工，停止所有非緊急任務，並且繫上代表全國民主聯盟顏色的紅絲帶，表達對軍方政變的抗議。社運人士也呼籲民眾加入公民不服從運動，從二月一日凌晨事發後，當天白晝的仰光表面一切如常，只是多了些軍人、多圍了拒馬，路上多了軍用卡車行駛；但是到了晚上，氣氛一變，一起在晚上八點鐘戴著口罩在黑暗中打開窗戶，拚命敲打手上的鍋碗瓢盆，不時配上陣陣的汽車喇叭。跟我在二〇二〇年三月的巴西里約熱內盧看到民眾抗議，右派總統波索納洛處理新冠病毒政策不力時，如出一轍。

當然，二〇一五年結束軍事獨裁，走上民主化道路後，以國務資政角色領導改革的翁山蘇姬的功過很難簡單定論。不同的族群也因為歷史經驗，對於這件事反應各異，比如在孟加拉難民營的上百萬羅興亞人，對於讓他們在種族歧視、宗教歧視下犧牲成為難民，對於代表緬族、佛教勢力的翁山蘇姬被軟禁，自然是拍手叫好；而靠近中國邊境的撣邦臘戌的華人，則一如過往明哲保身，強調自己「只是做生意的，不關心政治」。

其實不只是在緬甸，在巴西，在美國，在法國，在香港，在台灣，每當面對社會轉變的時候，總會有老派的保守分子，批評年輕人不應該「作亂」。但是我們是不是可以從思考的角度，知道「很亂」跟「公民不服從」有什麼不同？

公民「不服從」，是與執政者的「對話」

我不喜歡亂，但是我舉雙手贊成公民不服從。公民不服從也稱公民抗命，或是政治不服從，是體制下處於少數地位的公民，表達異議的一種方式，也是一種行使「反對權」的政治權利。「亂」的本身就是違背邏輯、沒有邏輯，像是二〇二一年一月闖入美國華盛頓白宮的「暴民反抗」或是「暴動」，就是「亂」。但是公民行使「反對權」，雖然有可能違法，卻是一種邏輯很清楚的行動，比如台灣的「太陽花學運」或是香港的「反送中行動」，則可以歸入公民不服從。一般來說最常見的定義是羅爾斯提出的「一個公然、非暴力、出於良心但違法的政治行為，通常是為了促成法律或政府政策的改變」，不能單純地因為行動本身違法，就輕易解釋為「亂」，必須檢視這個行動是否表達對於「社會良知及正義」等公眾利益的重視來決定。

公民「不服從」，其實就是公民要求與執政者「對話」。

翁山蘇姬領導的全國民主聯盟在二〇二〇年十一月八日選舉中大獲百分之八十票數支持，國會四百七十六席贏得三百九十六席，而親軍方的聯邦鞏固與發展黨（鞏發黨，USDP）僅拿下三十三席。但根據軍方制定的現行憲法，百分之二十五國會席次必須由軍方出任，軍隊顯然無法忍受翁山蘇姬與其政黨獲得更多民意青睞，軍方無法接受選舉結果，在完全沒有證據的情形下堅稱大選舞弊（這是不是聽起來很熟悉呢？）。因此在新國會預定開議的二月一日，軍方發動不流血政變，一舉逮捕了翁山蘇姬、總統溫敏及全民盟中央行政委員會成員等人，宣布戒嚴長達一年，整個政變過程一點都不亂，不代表軍方政變是正義的，就像津恩（Howard Zinn）所主張的：穩定性重不重要完全取決於是什麼樣的穩定性。如果是邪惡社會的話，越穩定越糟糕。選舉結果鞏發黨沒有拿到法律規定席次的下限，也不代表軍方自己寫來維護自己利益的憲法是需要被遵守的。同樣的，翁山蘇姬被不正義的軍方軟禁，也不能代表過去這幾年她對於羅興亞人或是其他少數民族、宗教衝突的壓迫是正當的，因為**真實世界的政治並不是非黑即白如此單純**，

而是有著各種層次深淺不一的灰色。這是為什麼無論是支持翁山蘇姬，或是反對翁山蘇姬的民眾，都願意站出來參與公民不服從，作為訴諸社會多數人認同的道德、正義、良知、公眾利益所從事的抗爭行為，特別珍貴。

法國哲學課，讓每個人可以「獨立思考」

沒有人能夠預測充滿各種層次的緬甸灰色政治，這次會如何發展，但是我從緬甸社會的公民不服從興起，看到了希望。記得二〇一八年底法國巴黎開始「黃背心」運動的時候，台灣人都覺得法國政局很危險、很「亂」，擔心會一發不可收拾，但是我跟當時在台北歐洲學校法國部擔任校長的 Jean-Yves Vesseau 先生聊到這件事時，他卻毫不在乎地微笑說黃背心運動一點都不亂，而且不管怎麼發展，也不會動搖法國的國本。

「你怎麼能那麼確定？」我問。

「從法國政府決定在高中畢業班設哲學課，作為必修的初階（élémentaire）教學時，就做了一個從此要信任人民，把權力交給人民的真誠決定。既然政府已經這樣決定了，怎麼可能會『亂』呢？」他說。

事實也證明，Jean-Yves Vesseau 校長的預測是完全正確的。法國的哲學思考課程，沒有規定的教科書，只有一份作為提綱的「概念清單」和「作者清單」。老師不需要使用統一教材，既沒有規定任何闡述問題的方式，也不被強加任何一種哲學理論或學說，也就是將「自由」與「獨立思考」的原則和精神，貫穿在教育當中。這些清單上的概念，並不是讓哲學老師去介紹各種哲學家的思想、哲學史的闡述，這種知識性的簡單介紹，老師不能照本宣科，機械地複述教材或講義，而是規定老師必須通過這些概念，去進行所謂的「問題化」（problematization），也就是教會學生如何對這些哲學家充滿智慧的概念提出問題，甚至推翻他們的概念，使得整個哲學課成為一件每個學生都可以融入自己「獨立思考」的作品。簡而言之，法國的哲學課理想目標，就是幫助學生通過構建問題（construire un probléme）擁有一種自由思考和判斷的能力，成為一個「被啟智的公民」，才能有資格從高中畢業，進入社會，參與公眾事務。

透過日常對話，鍛鍊思考力

對於當政者來說，如果沒有真心要將權力交給人民，透過教育培養出為數眾多「有獨立自由判斷能力」的「被啟智的公民」，在某種意義上無疑等於自找麻煩，甚至可能是自掘墳墓。所以 Jean-Yves Vesseau 校長強調，哲學教育無論在法國，還是世界上任何一個地方，都不會是一個教育政策的決定，而是一個政治決定。也在那次討論當中，我意識到台灣教育界雖然有人鼓吹模仿法國高中的哲學教育，但是台灣距離能夠做出這個真誠的政治決定，還有一段距離。

緬甸到目前為止，當然也沒有正式的哲學教育，但是我們從觀察一個社會是不是有

「公民不服從」的成熟行動，就可以判斷出這個社會有沒有透過政治教育以外的途徑，培養出足夠數量「被啟智的公民」。如果有的話，就可以不用太過在意政治檯面上的角色如何來去變化，對這個社會的長期發展放心。

就像玉山嚮導乜寇說的，「虔誠」的核心，其實就是「謹慎」。而「公民不服從」的核心，其實就是「公民對話」。

所以我會說，敲鍋子吧！我的緬甸朋友。至於翁山蘇姬有沒有長命百歲，能不能繼續當緬甸的民主良心，老實說，**只要社會上有足夠多被啟智的公民，英雄就不再重要了。**因為每一次不服從，都是一次對話的機會。無論是家庭裡的一個青少年，還是一群社會上的公民。

而每次對話，都應該是一次思考。

至於我們能不能把每一次日常對話，都變成鍛鍊思考力的機會，而不是一味逃避衝突，那就要看我們是不是具有「對話」的能力了！

你是不是一個在對話當中，有慣性逃避衝突的人？
當你逃避衝突的時候，你會有所思考嗎？
如果這不是你想對話的目的，你可不可以看到對話衝突，
其實有必要也有好處？

鼓勵思考對話的十個好習慣

在這本書的最後，我要提醒十個前面都沒有提過的「對話技巧」，作為思考對話能力的技術性補充。如果以下對話的十個習慣，配合對話力課程的主題，在日常生活當中持續練習，便可以幫助自己**從原本無意識、低功能的「說話者」，成為一個有意識、高功能的「對話者」**（interlocutor）。

習慣一：避免在對話中使用「標準答案」

在對話中，最忌諱「暴力型」的說話者。這種人或許口氣客氣溫和，但是心目中已經有一個無可更改、別人必須對號入座的標準答案。

比如當我們覺得屬下新人的簡報檔案沒有在母版放上公司 logo 的時候，可以選擇說「把公司 logo 放上去」，也可以問這名屬下：「你看看這個公司的簡報版型，還需要什麼才能充分代表我們呢？」

只要對方能夠提出一個解決問題的方法，即使跟我們原本想的不一樣，那又有什麼關係呢？

習慣二：養成隨時和對話者商量「你覺得呢？」的習慣

我經常在遇到煩惱的事情時，會稍微思考後問別人：「你覺得怎麼樣？」自己思考過的問題，再透過對方的回答，時常能讓我們知道自己真正的想法，或是獲得啟發，思考因而有進展。

藉由與他人交談，可以由其他人來協助我們看到更多元的視角。他人因為站在和我們不同的角度，說出「其他想法」的可能性很高——即使對方只是個孩子，也會很有助益。

當我們和別人交談時，不見得只能談自己感興趣的話題，我甚至會建議大人可以放下「孩子不懂事」的成見，和孩子認真對話：「我今天跟好朋友吵架了，你認為我該怎麼辦呢？」然後抱持著真誠的好奇心，聽一聽孩子的意見。

和別人交談有很多好處，對彼此而言都會是很好的思考訓練，而且若是能告訴對方：「多虧你的意見，事情有進展了！」跟我們對話的人就會更有自信，同時也能親自體會聽了其他人的想法而加深自己的思考。而且，同時也是在告訴對方：「我也有想不出答案的時候，所以你想不出來時也不需要擔心。」

習慣三：認清「沒有時間」是假的

對於前兩個習慣，會說「我哪有那麼多閒工夫！」的人，其實不是忙，只是覺得跟人對話不重要而已。

但是只要真心好奇對方的腦子裡在想什麼，無論吃飯前、在交通途中、睡覺前、排隊等候時……**只要有心，一定能夠找到可以對話的時機**。

就像我時常說的，如果你今天摔斷了胳臂，無論多麼忙的人，都突然有時間去醫院，如果醫生囑咐必須靜養三個月，否則必須截肢，也突然會有三個月的時間可以休養。所以如果你覺得沒時間，一定是假的。一定只是你覺得跟他對話不重要而已。

習慣四：任何場合都堅守「不直接說答案」的原則

不管別人問任何問題，一個好的對話者絕對不會直接說出答案，這是為了不要剝奪彼此思考的機會。「不說答案」的原則，除了在提問以外，也可以應用在許多不同場合。

這一點大概是在所有習慣中爭議性最大的了，例如當身邊的人問我們：「你覺得我穿這件衣服會不會顯得很胖？」怎麼可以說答案呢？回答「會」的話，下場肯定悲慘；說「不會」的話，又被認為在隨口敷衍。所以有沒有辦法透過真誠的提問來面對問題，就變成重大的考驗。

「你希望我說什麼？」這不算真誠的提問。「你會這樣問我，是不是在擔心什麼？」這麼一來，跟我們對話的人就能跳脫表面，去思考自己問這個問題背後的真正原因，或許是對於特定場合的焦慮，或許是對於外表的自卑，或許是過度在意別人的眼光，透過這樣的自我覺察，就可以去面對真正的問題。

某一件衣服是否顯瘦，絕對不會是真正有價值的答案。

習慣五：鼓勵自主性

我有時在公車、捷運上看到很多疲倦的家長，不斷地在擁擠的車廂，大聲地斥喝孩子：「不要吵！」「不是告訴過你一百次要安靜嗎？」

但是孩子早就已經習慣了充耳不聞，因為同樣的話，家長確實每天都重複一百次，痛苦的只是身邊其他無辜的路人而已。

所以如果當家長想叮囑孩子「在公共場合不要大聲喧譁」，但孩子仍然在車上大聲喧譁時，與其用更大的聲音一再重複斥責孩子，不如反問孩子：「你有觀察到你停止說話的時候，周圍突然變得很安靜嗎？」促使孩子自主思考。

從小沒有被鼓勵自主思考的孩子，不可能變成有能力自主思考的大人。回到上一個對自己身材不滿意的例子，一旦覺察了為什麼會對自己的身材不滿意之後，就可以進一步提問：「那麼你想要怎麼做呢？」而不是逼迫對方去健身房運動、鼓勵某種排毒節食方法，或是勸對方不要相信網美的照片。只有自主想到的方法，才會有正面的效果。

習慣六：彼此遵守「不打斷他人說話」的原則

打斷他人說話，只顧說出自己想說的話——這是小孩子常有的行為，很多人這個習慣會一直延續到成年以後，甚至不知道自己總是毫不在意地打斷他人正在說的話。

為了鼓勵跟我們對話的人養成對話禮節，實踐「每個人的意見都應該被尊重」，我們自己首先就應該遵守「不打斷他人說話」的原則。

當對方打斷我們說話時，我們就立刻停止說話，而且反覆這麼做，直到他觀察到這個規律為止。

我們不需要特別說什麼，只要確定彼此了解「應該尊重別人的意見」這件事即可。當我們說完話時，記得告訴對方：「謝謝你聽我說完。你剛剛本來想說什麼？」對方受到肯定，便會開始壓抑自己想打斷對話的急躁心情。

習慣七：表現出「每個人意見不一樣，所以才有趣」的態度

和人對話時，不是只有聆聽對方的意見就夠了，我們也必須說出自己的意見，讓對方體會：「原來每個人本來就會有不同的意見。」而且意見不同，不代表對方需要遵行我們的意見。

不需要為了討好對方而贊成，也不需要為了顯示自己深思熟慮而反對。這個習慣，也會培養與我們對話的人認為「有自己的意見很重要」的意識。

習慣八：不要當別人的「代言人」

有一種很討人厭的傢伙，總是替人家發聲。

說不定你也是這樣？如果你是家長，當別人問你的孩子說「你叫什麼名字？」的時

候，你是不是會搶先幫孩子回答？

久而久之，孩子就不願意自己說話了，畢竟連自己的名字都不能自己說的人，還有什麼好說的呢？「我這孩子，就是害羞。」家長往往會這麼說，其實完全不是這麼一回事。

我們發現父母常會替孩子「代言」，在對話中，預設孩子的答案，搶先說出他們的心情：「你一定覺得△△對吧？」以為孩子會無法表達、難以啟齒，或是覺得孩子委屈，代替他們說出口，這當然也是天下父母心。不過，就培養思考力而言，實在算不上是一個良好的心態，孩子也會以為在遇到特定的情形時，他必須有父母代他說的感受。當父母經常代替孩子說出心情時，孩子遲早有一天會認為「就算我不說，也有人會幫我說出那些難以啟齒的話」「媽媽總是會幫我說，我根本不需要去思考自己的心情是如何」，因此會傷害孩子自主性的培養。

擅自武斷地認為「孩子大概說不出口吧！」的想法本身，就很不合理，對於孩子的語言能力給予過低的評價。**即使是父母，也未必能百分之百掌握孩子的心情**。即使血脈相連，熟知彼此的狀況，孩子和父母不但知識及經驗不同，性格也有微妙的差異。

如果雙方都是成人的話，那個總是迫不及待幫別人代答、或是好意為別人發聲的人，一定是充滿優越感的人，而對方一定可以感受到你的輕視。

習慣九：養成確認的習慣

比如很多人雖然都使用「痛苦」這個詞，但是每個人對於痛苦的定義及感受，其實都是不同的。我們很多時候，習慣用自己對日常語言的理解，來判斷其他人的話語，即使造成誤會也渾然不覺。

「這太超過了！」

「欸不是，這會不會太誇張！」

你真的知道不同的人使用這樣的語句時，是褒義還是貶義嗎？

如果不確定的話，為什麼不能確認一下，避免更大的誤會呢？

每一次都將自己的家人、熟悉的人，也當成第一次見面的陌生人那般來對話，謹慎地確認彼此的用語，對於對話品質，會有莫大的幫助。

習慣十：對話前確認自己的意圖

對話前明確知道自己的目的，在「傾聽、表達、溝通、說服、妥協、提問、反對」七種之中，屬於哪一種，並且讓對方知道。

如果你是要來「說服」我，請你不要劈頭就說：「我有件事情想要跟你溝通一下。」因為溝通是對話的雙方，都沒有預設立場，也不知道彼此想要什麼，因此透過對話，逐漸達到共識的過程。如果其中一方已經有很明確的目標，那就不是溝通，而是在進行遊說、說服。

所以這種時候，我寧可你一開口就先告訴我這個對話的目的：「我有件事情想要試試看能不能說服你。」

我因此會很清楚知道，對話完之後，我必須清楚告訴對方：「我被你說服了。」或者是「我無法被你說服」這樣的話。無論說服成功或是失敗，雙方都可以保持對彼此的真誠跟信任。

與其對我說：「我覺得你說得很有道理，但是……」我更希望你能夠很真誠地用「我想趁這個機會，表達一下我的反對！」作為我們對話的開場白。

歡迎來到思考對話的世界！

這十個對話的好習慣，有哪些是你已經擁有的？
又有哪些是你欠缺的？你要怎麼做，
才可以幫助自己養成你所欠缺的好習慣？

【延伸閱讀】

褚士瑩　完整暢銷書單

榮登博客來網路書店、誠品、金石堂書店排行榜
獲博客來網路書店　暢銷華文作家 TOP3

第79梯次
好書大家讀
入選圖書

野蠻生長

學會放任自己，擺脫被困住的人生

【劉軒專文強烈推薦】給那些很早就做自己，但還是不喜歡自己的人

「這一次，我答應自己，花時間慢慢來，跟熟悉的世界拉出距離，
對自己高期待，看到自己的價值，不害怕跟世界對立，勇敢選擇激進的態度，
在每一次生命被卡住的時候，就可以掙脫束縛，繼續舒適做自己。」＿＿褚士瑩

野蠻生長：【動名詞】在有機的人生土壤中，播撒下意圖的種子，透過不斷的選擇來主動參與世界，讓種子按照自己的意圖，生根、發芽、成長、茁壯，這就是愛，這就是「野蠻生長」。

褚士瑩在野放茶園中，看見「野蠻生長」的強悍生命力，他連結到小學四年級的自己，還有師事法國哲學的刺激震撼，思考一路的成長過程他拒絕既定框架的澆灌和修剪，勇敢走進荒蕪生猛的原始之林，努力長出腳，長出腦袋，長成自己喜歡的樣子。

給自己10樣人生禮物（新版）

成就動詞型的生命地圖就在這10個關鍵

對自己友善、對別人友善、對生活友善、對自然友善，
就會找到屬於自我風格的、沒有疑惑的，也不會後悔的生活方式！
只要掌握10個關鍵禮物，就能打開熱愛生命的地圖，擁抱充滿自信的人生！

企鵝都比你有特色

給自己的10堂說話課，成為零落差溝通者

10堂說話課就像生命成長的10個階段，褚士瑩不藏私全盤供給，
這是一場獨一無二的說話課，從介紹自己，發現自己開始，
只要你摸索與思考的方向對了，說話的價值就在於你成為一個有特色的人。

我為什麼要去法國上哲學課？-實踐篇

思考讓我自由，學會面對複雜的人際關係，做對的決定

不論是跟人一句短短的對話，還是我們聽到的一句話，都可以觀察自己的反應與情緒。
自己思考過後找到的答案，往往跟自己有關。
這個屬於自己的答案，當然比別人給的更特別，更好。__褚士瑩

55個刺激提問

把好事做對，思辨後的生命價值問答，國際NGO的現場實戰

很多人把捐錢等於做好事，很多人把當志工等於做對的事；
如果不能依賴標準答案，我們的判斷要如何確認？
找出禁得起時間考驗的價值，先從這55個刺激提問開始！

美食魂

全世界都是我的餐桌

每當我的舌尖有幸與不同起源的食物相會，
靈魂與不存在的時代建築交會的剎那，
我都會記得需要有多少的愛跟多少的巧合，
才能造就我們如此幸運的相逢，一期一會，一日一生。 __褚士瑩

用12個習慣祝福自己

養成免疫力．學習力．判斷力

一年到頭都在擬計畫，結果執行力等於零！
興趣一大籮筐，偏偏都只有三分鐘熱度！
想要改變自己，可是找不到方法！
看別人養成好習慣超羨慕，到底怎麼辦到的？

1份工作11種視野

改變你未來命運的絕對工作術

褚士瑩說「工作」本來就是動詞，找到對的工作，比有沒有夢想還重要。
不是換100個工作就動力十足，也不是出國就有國際觀，
別看輕自己，但也別高估自己，工作是讓我們變成一個更懂享受生命的人！

旅行魂

Travel Awakens My Soul

旅行魂不是突然上路就學會的，要像跑馬拉松一樣，不斷練習！
旅行魂不會因為不再旅行而終止；也不是一直旅行的人就一定擁有旅行魂。
而是在日常生活的每一刻，埋下「旅行魂」的種子，
在自己生命發芽生根，越來越壯大！

1年計畫10年對話

預約10年後的自己，需要年年實踐與更新

有時候計畫急著完成，更容易急著放棄；Just Do It，是給勇於更新與實踐的人！
每年給自己一份不失敗的生活提案，
5年後，10後你會發現，意想不到的禮物，太美妙……

我，故意跑輸

當自己心中的第一名，作家褚士瑩和流浪醫生小杰，寫給15、20、30、40的你！

他們只是大膽按下階段性的暫停鍵，不是真的跑輸，
而是在選擇的道路上給自己改寫命運的機會！
就算過程被笑，被懷疑，他們都決心只當自己心中的第一名！

比打工度假更重要的11件事

出國前先給自己這份人生問卷

資深背包客褚士瑩從16歲開始跨越自己的舒適圈，不靠別人找出標準答案，
不管你選擇出國或不出國？本書的每個問題都是你了解自己的關鍵，
好好想清楚再行動，力量完全不一樣！

Creative 165

看見自己說的話

9堂雙向思考練習，解鎖你的對話力

填回函雙重禮
①立即送購書優惠券
②抽獎小禮物

作者｜褚士瑩
出版者｜大田出版有限公司
台北市一〇四四五中山北路二段二十六巷二號二樓
E-mail｜titan@morningstar.com.tw http：//www.titan3.com.tw
編輯部專線｜（02）2562-1383 傳真：（02）2581-8761
總編輯｜莊培園
副總編輯｜蔡鳳儀
行銷編輯｜陳映璇
行政編輯｜林珈羽
校對｜黃薇霓／黃素芬
內頁美術｜陳柔含
初刷｜二〇二一年十月一日　定價：三五〇元
二刷｜二〇二一年十一月四日
網路書店｜http://www.morningstar.com.tw（晨星網路書店）
TEL：04-23595819 FAX：04-23595493
購書Email｜service@morningstar.com.tw
郵政劃撥｜15060393（知己圖書股份有限公司）
印刷｜上好印刷股份有限公司
國際書碼｜978-986-179-644-4 CIP：177.2/110008056

國家圖書館出版品預行編目資料

看見自己說的話：9堂雙向思考練習，解鎖你的對話力／褚士瑩著. ——初版——台北市：大田，2021.10
面；公分. ——（Creative；165）

ISBN 978-986-179-644-4（平裝）

177.2　　110008056